studio [21]

Testheft
Deutsch als Fremdsprache

B1

Cornelsen

studio [21] B1
Testheft
Deutsch als Fremdsprache

Herausgegeben von Hermann Funk und Christina Kuhn
Im Auftrag des Verlages erarbeitet von Dieter Maenner und Maria Funk

Basierend auf studio d B1 Testheft von Hannelore Pistorius und Dieter Maenner

In Zusammenarbeit mit der Redaktion:
Maria Funk, Gertrud Deutz (Projektleitung)

Illustrationen: Andreas Terglane
Technische Umsetzung: zweiband.media, Berlin
Umschlaggestaltung und Layout: Klein & Halm Grafikdesign, Berlin

Informationen zum Lehrwerksverbund **studio [21]** finden Sie unter www.cornelsen.de/studio 21.

www.cornelsen.de

Die Links zu externen Webseiten Dritter, die in diesem Lehrwerk angegeben sind, wurden vor
Drucklegung sorgfältig auf ihre Aktualität geprüft. Der Verlag übernimmt keine Gewähr für
die Aktualität und den Inhalt dieser Seiten oder solcher, die mit ihnen
verlinkt sind.

1. Auflage, 1. Druck 2016

Alle Drucke dieser Auflage sind inhaltlich unverändert und können im Unterricht nebeneinander
verwendet werden.

© 2016 Cornelsen Verlag GmbH, Berlin

Das Werk und seine Teile sind urheberrechtlich geschützt.
Jede Nutzung in anderen als den gesetzlich zugelassenen Fällen bedarf der vorherigen schriftlichen
Einwilligung des Verlages.
Hinweis zu den §§ 46, 52 a UrhG: Weder das Werk noch seine Teile dürfen ohne eine solche
Einwilligung eingescannt und in ein Netzwerk eingestellt oder sonst öffentlich zugänglich gemacht
werden. Dies gilt auch für Intranets von Schulen und sonstigen Bildungseinrichtungen.

Druck: H. Heenemann, Berlin

ISBN 978-3-06-520106-3

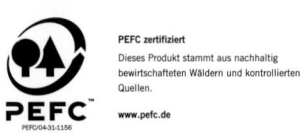

Inhalt

4	**Test 1** Zeitpunkte
6	**Test 2** Alltag
8	**Test 3** Männer – Frauen – Paare
10	**Test 4** Arbeit im Wandel
12	**Test 5** Schule und lernen
14	**Test 6** Klima und Umwelt
16	**Test 7** Das ist mir aber peinlich!
18	**Test 8** Generationen
20	**Test 9** Migration
26	**Test 10** Europa
24	**Gesamttest** Einheit 1–5
39	**Gesamttest** Einheit 6–10
54	**Modelltest** Goethe-Zertifikat B1
69	Antwortbogen
71	Testbeschreibung und Bewertungskriterien
	Anhang
75	Hörtexte
84	Lösungen
88	Bildquellen und Inhalt Audio-CD

Test 1: Zeitpunkte

Name _____ Kurs _____ Datum _____ Punkte

insgesamt **40**

1 Eine Zeitreise. Lesen Sie den Text und kreuzen Sie an: richtig oder falsch? **7**

Die Romantische Straße feiert ihren 60. Geburtstag

Sind Sie schon einmal durch die Zeit gereist? Nein? Dann fahren Sie doch einmal die Romantische Straße entlang, auf der die deutsche Geschichte lebendig wird. „Geboren" wurde die bekannte Ferienstraße 1950 in Augsburg, als sich die deutsche Wirtschaft langsam von den Folgen des Zweiten Weltkrieges erholte. Damals wollte man Deutschland als Urlaubsziel bekannt machen und gleichzeitig ein positives Bild der deutschen Geschichte zeigen. 28 süddeutsche Städte zwischen Würzburg und Füssen nahmen teil und gründeten die etwa 400 km lange Romantische Straße, die bald auch in Amerika und Japan als „Romantic Road" bekannt wurde. Aber nicht nur dort hatte die Idee großen Erfolg. Denn neben Bergen, Wäldern und Flüssen liegen an der Straße auch viele wunderschöne Städte mit alten Häusern, Plätzen, Stadttoren und Kirchen. Den Höhepunkt der Reise bildet das romantische Schloss Neuschwanstein, in dem der „Märchenkönig" Ludwig II. lebte. Zum 60. Geburtstag der Straße fuhr wie in den 50er-Jahren ein Original-Bus aus dieser Zeit in vier Tagen vom Main zu den Alpen. Man kann die Straße aber je nach Interesse auch anders erleben: auf einer kurzen Autofahrt in vier bis fünf Stunden, etwas langsamer mit dem Reisebus in ein bis zwei Tagen, sportlich in vier bis fünf Tagen mit dem Rad oder ganz ohne Zeitdruck in drei Wochen zu Fuß.

1. Die Romantische Straße verbindet Norddeutschland mit Süddeutschland.   **Richtig / Falsch**
2. Sie ist auch bei den Japanern und Amerikanern beliebt.   **Richtig / Falsch**
3. Man wollte die Urlauber über die Folgen des Krieges informieren.   **Richtig / Falsch**
4. Die Romantische Straße verbindet fast dreißig süddeutsche Städte.   **Richtig / Falsch**
5. Das beliebteste Ziel ist das Schloss von Ludwig II.   **Richtig / Falsch**
6. Täglich fahren alte Busse aus den 50er-Jahren die Straße entlang.   **Richtig / Falsch**
7. Die Romantische Straße kann man mit dem Auto, dem Bus, dem Rad oder zu Fuß erleben.   **Richtig / Falsch**

2 Ludwig II. und Schloss Neuschwanstein. Ergänzen Sie die Verben im Präteritum. **10**

Ludwig II. _wurde_ ⁰ (werden) schon mit 18 Jahren König von Bayern. Er _____ ¹ (haben) wenig politische Erfahrung, aber er _____ ² (lieben) Kunst, Musik und Architektur. Darum _____ ³ (entscheiden) er sich für den Bau eines romantischen Schlosses: Neuschwanstein. Die Arbeiten für das Schloss _____ ⁴ (beginnen) 1868. Aber erst sechzehn Jahre später _____ ⁵ (können) Ludwig in sein Schloss einziehen. Denn bei der Planung _____ ⁶ (wollen) man die modernsten Kenntnisse der Technik nutzen. Deshalb _____ ⁷ (geben) es immer wieder Geldprobleme und das Schloss _____ ⁸ (bleiben) bis 1892 eine Baustelle. Ludwig selbst _____ ⁹ (sehen) seine Burg nie ganz fertig, denn er _____ ¹⁰ (finden) im Jahr 1886 im Starnberger See den Tod.

4

© 2016 Cornelsen Verlag GmbH, Berlin. Alle Rechte vorbehalten.

3 Modernes Leben: Alles gleichzeitig? Schreiben Sie Sätze mit *während*. | 10

1. Wir essen und trinken, während wir am Computer arbeiten.
   wir: essen und trinken / am Computer arbeiten
2. Ihr
   ihr: telefonieren / an der Haltestelle auf den Bus warten
3. Während
   ich: im Supermarkt an der Kasse warten / E-Mails schreiben
4. Du
   du: fernsehen / Pizza essen
5. Während
   sie (Pl.): bügeln / Vokabeln lernen
6. Und während
   er: schlafen / von mehr Zeit träumen

4 Welche Zeit ist wann? Verbinden Sie die Sätze. | 7

Wenn wir lustige Kostüme tragen, 1
Wenn wir die Uhr eine Stunde vorstellen, 2
Wenn viele Menschen ihre Koffer packen, 3
Wenn es beim Fußball nach 45 Minuten eine Pause gibt, 4
Wenn wir Tannenbäume und Geschenke kaufen, 5
Wenn zwei Menschen heiraten, 6
Wenn man nicht den ganzen Tag im Büro ist, 7

a dann ist Urlaubszeit.
b dann ist Halbzeit.
c dann beginnt die Sommerzeit.
d dann ist Karnevalszeit.
e dann feiern sie ihre Hochzeit.
f dann arbeitet man Teilzeit.
g dann ist Weihnachtszeit.

5 Alles braucht seine Zeit. Ergänzen Sie die Verben in der passenden Form. | 6

lesen – ~~schlafen~~ – treffen – arbeiten – essen – entspannen – arbeiten – ~~schlafen~~

Wie lange brauchen wir jede Nacht *zum Schlafen* ⁰? Die meisten Menschen *schlafen* ⁰ zwischen sechs und acht Stunden täglich, aber manche Menschen stehen auch schon nach vier oder erst nach zehn Stunden wieder auf.

_____¹ brauchen wir länger. Viele Menschen _____² mehr als acht Stunden jeden Tag. Für die Freizeit bleibt dann nicht mehr so viel Zeit. Die meisten Menschen haben weniger als zwei Stunden jeden Tag _____³, oder _____⁴ mit Freunden. Auch die Mahlzeiten müssen oft schnell gehen und man nimmt sich selten genug Zeit _____⁵. Dabei sollte man viel öfter nichts tun und sich einfach _____⁶.

2 Test Alltag

Name _____ Kurs _____ Datum _____ Punkte

insgesamt **40**

1 Alltagsproblem Stress. Lesen Sie den Text und verbinden Sie die Sätze. | 8

Strategien gegen Stress

Stress ist ein Gefühl, das heute fast jeder kennt. Aber was können wir tun, damit der Stress nicht unser Leben beherrscht?

Eigentlich gehört ein bisschen Stress zum Leben dazu. Und er muss auch gar nicht immer schlecht sein, denn durch ihn bekommen wir mehr Energie, damit wir unser Bestes geben können. Auf der anderen Seite kann uns zu viel Stress aber auch krank machen. Deswegen ist es wichtig, dass wir im Alltag einen Ausgleich dazu finden. Für viele Menschen wird das immer schwieriger und nicht wenige nehmen heute Medikamente, um in stressigen Situationen ruhig zu bleiben. Experten sagen aber, dass man die beste Medizin gegen Stress nicht in der Apotheke kaufen kann. Damit meinen sie die Liebe. Wissenschaftliche Studien haben bestätigt, dass nicht nur geliebte Menschen gegen Stress helfen, sondern auch Hobbys und andere schöne Dinge. Denn wenn Liebe, Lachen und Freude an erster Stelle stehen, bleibt für den Stress kein Platz.

Wichtig ist, dass wir unserem Tag eine feste Struktur geben. Dabei helfen z. B. ein Tagesplan, aber auch schon ganz einfache Dinge wie der tägliche Kaffee zum Frühstück oder das Glas Rotwein vor dem Schlafengehen. Ungesunder Stress wird dann ausgelöst, wenn wir glauben, dass wir eine Situation nicht mehr kontrollieren können. Darum raten Experten zu Pünktlichkeit und guter Organisation, weil wir so den Rhythmus des Tages selbst bestimmen können und uns sicherer fühlen.

Damit uns der Stress nicht dauerhaft negativ beeinflusst, sollten wir nicht nur auf unsere Psyche, sondern unbedingt auch auf unseren Körper hören und Kopfschmerzen, Rückenschmerzen und Schlafstörungen ernst nehmen. Denn sie zeigen uns, dass der Stress für uns und unsere Gesundheit gefährlich wird. Als Anti-Stress-Strategien sind Gymnastik-Übungen mit passender Musik zu empfehlen, kurze, aber regelmäßige Pausen bei der Arbeit und möglichst viele Kontakte mit Menschen, die einen anderen Job haben. So können wir uns entspannen, nehmen unsere eigenen Probleme weniger wichtig und gewinnen neue Lebensenergie.

Stress kann 1
Wenn man zu viel Stress hat, 2
Die beste Medizin gegen Stress 3
Auch Hobbys sind wichtig, 4
Durch Organisation und Pünktlichkeit 5
Kopf- und Rückenschmerzen 6
Um uns zu entspannen, 7
Kontakte mit anderen Menschen 8

a kann man krank werden.
b weil sie uns Freude machen.
c können wir dem Tag eine Struktur geben.
d sollten wir bei der Arbeit regelmäßig Pausen machen.
e positiv und negativ sein.
f beeinflussen uns positiv und geben uns Energie.
g ist die Liebe.
h zeigen uns, dass der Stress zu viel für uns wird.

2 Ergänzen Sie *weil* oder *darum/deshalb/deswegen*. | 6

1. Stress kann positiv sein, _____ er uns Energie gibt.
2. Zu viel Stress ist aber gefährlich, _____ er uns krank machen kann.
3. Arbeit kann stressig sein, _____ sollte man regelmäßig Pausen machen.
4. Oft fühlen wir uns gestresst, _____ wir glauben, dass wir eine Situation nicht mehr kontrollieren können.
5. Stress kann uns negativ beeinflussen, _____ sollten wir auf unseren Körper hören.
6. Das lange Sitzen am Schreibtisch ist ungesund, _____ sollten wir manchmal aufstehen und Gymnastik machen.

Alltag 2

3 Warum hat Carmen Stress? Ordnen Sie zu und schreiben Sie die Sätze zu Ende.

a) ~~Sie hat so viel Arbeit.~~ – b) Sie hat oft Rückenschmerzen. – c) Sie ist immer müde. – d) Sie sucht Hilfe. – e) Sie macht viele Überstunden.

1. ☐ Carmen muss jeden Tag sehr früh aufstehen, deshalb ....
2. [a] Sie muss schon um halb acht im Büro sein, weil *sie so viel Arbeit hat.*
3. ☐ Sie sitzt den ganzen Tag am Schreibtisch, darum ....
4. ☐ Abends kommt sie spät nach Hause, weil ....
5. ☐ Sie ist mit ihren Nerven am Ende, deswegen ....

4 Carmen sucht Hilfe im Internet. Lesen Sie den Text und ergänzen Sie die Wörter.

a) verständnisvoll – b) ärgere – c) Gewissen – d) ziemlich – e) verrückt –
f) konzentrieren – g) Feierabend – h) Privatleben – i) wirken – j) Überstunden

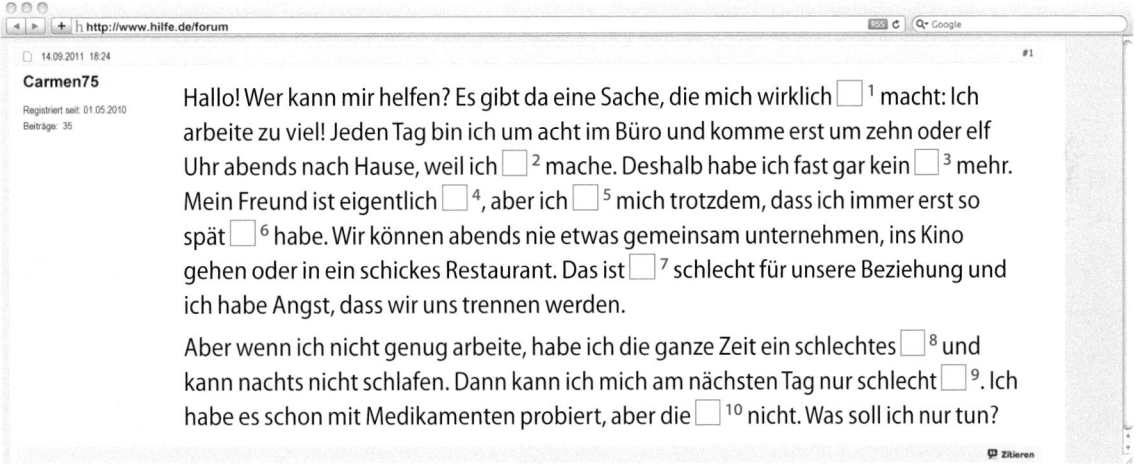

Carmen75
Registriert seit: 01.05.2010
Beiträge: 35

Hallo! Wer kann mir helfen? Es gibt da eine Sache, die mich wirklich ☐¹ macht: Ich arbeite zu viel! Jeden Tag bin ich um acht im Büro und komme erst um zehn oder elf Uhr abends nach Hause, weil ich ☐² mache. Deshalb habe ich fast gar kein ☐³ mehr. Mein Freund ist eigentlich ☐⁴, aber ich ☐⁵ mich trotzdem, dass ich immer erst so spät ☐⁶ habe. Wir können abends nie etwas gemeinsam unternehmen, ins Kino gehen oder in ein schickes Restaurant. Das ist ☐⁷ schlecht für unsere Beziehung und ich habe Angst, dass wir uns trennen werden.
Aber wenn ich nicht genug arbeite, habe ich die ganze Zeit ein schlechtes ☐⁸ und kann nachts nicht schlafen. Dann kann ich mich am nächsten Tag nur schlecht ☐⁹. Ich habe es schon mit Medikamenten probiert, aber die ☐¹⁰ nicht. Was soll ich nur tun?

5 Ratschläge für Carmen. Schreiben Sie Sätze im Konjunktiv.

1. Sprechen Sie mit Ihrem Chef. *(sollen)*
   Heiner54 *Sie sollten*
2. Fahr mit deinem Freund in den Urlaub. *(können)*
   Nina222 *Du*
3. Treib mehr Sport. *(müssen)*
   Fitforfun
   ↳
4. Machen Sie einen Yogakurs. *(können)*
   Marion68
   ↳
5. Gehen Sie ins Kino oder lesen Sie ein spannendes Buch. *(können)*
   DavidW
   ↳
6. Hör öfter Musik und entspann dich. *(sollen)*
   Rock-a-Billy
   ↳

Test 3: Männer – Frauen – Paare

Name Kurs Datum Punkte

insgesamt **40**

1 Männer und Frauen. Lesen Sie den Text und kreuzen Sie an: a, b oder c. **5**

Sind Männer und Frauen gleichberechtigt?

Junge Mädchen können sich heute kaum noch vorstellen, dass es für ihre Großmütter nicht einfach war, eine gute Schule zu besuchen, zu studieren und berufstätig zu sein. Doch vor hundert Jahren hatten Frauen in Deutschland nicht die gleichen Möglichkeiten wie Männer. Bildung für Frauen wurde oft als sinnlos angesehen, denn die Vorstellungen von den Geschlechtern waren sehr traditionell: Die Frau sollte sich um Haushalt und Kinder kümmern, während der Mann das Geld verdiente. Erst Anfang des 20. Jahrhunderts öffneten die Universitäten ihre Türen auch für Studentinnen. Noch länger dauerte es, bis Frauen aktiv am Berufsleben teilnehmen konnten. Heute verlieren die alten Klischees immer mehr an Bedeutung und wir finden es inzwischen ganz normal, dass Frauen studieren, arbeiten und eigenes Geld verdienen können. Offiziell sind Männer und Frauen gleichberechtigt. Aber haben Frauen heute auch wirklich die gleichen Möglichkeiten wie Männer?

In Deutschland kann die Mutter oder der Vater nach der Geburt eines Kindes Urlaub nehmen, um sich intensiv um das Kind zu kümmern, weil es zu wenige Plätze in den Kindergärten gibt. Es sind aber fast immer die Mütter, die mindestens für einige Jahre zu Hause bleiben. Auch später arbeiten viele nur halbtags, um nachmittags für die Kinder da zu sein. Die Verbindung von Familie und Beruf ist also immer noch ein Problem, das gelöst werden muss, damit Frauen und Männer wirklich gleichberechtigt leben können.

1. Im 19. Jahrhundert
   a) ☐ waren alle Frauen berufstätig.
   b) ☐ konnten Frauen nicht studieren.
   c) ☐ halfen Männer im Haushalt.

2. Im modernen Deutschland
   a) ☐ sind Männer und Frauen offiziell gleichberechtigt.
   b) ☐ kann man Familie und Beruf gut verbinden.
   c) ☐ verdienen Frauen mehr als Männer.

3. Nach der Geburt eines Kindes
   a) ☐ kommt das Kind gleich in den Kindergarten.
   b) ☐ müssen Frauen wieder arbeiten.
   c) ☐ können auch Männer Urlaub nehmen.

4. Es ist für eine Frau heute nicht leicht,
   a) ☐ Geld zu verdienen.
   b) ☐ berufstätige Mutter zu sein.
   c) ☐ zu studieren.

5. Viele Eltern
   a) ☐ finden keinen Kindergartenplatz.
   b) ☐ kümmern sich kaum um die Kinder.
   c) ☐ bleiben zusammen zu Hause.

2 Ordnen Sie zu und bilden Sie Sätze mit dem Infinitiv mit *zu*. **6**

a) ~~berufstätig sein und Geld verdienen~~ – b) mehr Plätze anbieten –
c) sich das Leben ihrer Großmütter vorstellen – d) Familie und Beruf verbinden –
e) sich um Haushalt und Kinder kümmern – f) nach der Geburt zu Hause bleiben

1. ☐ Für junge Mädchen ist es heute schwer, ...
2. ☐ Früher war es Aufgabe der Frauen, ...
3. [a] Heute haben auch Frauen die Möglichkeit, *berufstätig zu sein und Geld zu verdienen.*
4. ☐ Meistens entscheiden sich die Mütter, ...
5. ☐ Kindergärten sollten versuchen, ...
6. ☐ Denn auch heute ist es nicht leicht, ...

Männer – Frauen – Paare 3

3 Seine Meinung sagen, zustimmen, widersprechen. Ergänzen Sie die Sätze.

finde – stimme – sehe – sagen – richtig – Meinung – Recht

■ Meiner _____¹ nach sind Männer und Frauen nicht gleichberechtigt. Die meisten Frauen arbeiten zwar, aber sie bekommen weniger Geld.

Ich _____² nicht, dass das fair ist!

◆ Das kann man doch so nicht _____³! Dass Frauen schlechter bezahlt werden, ist natürlich unfair, da hast du _____⁴, aber sonst _____⁵ ich dir nicht zu. Frauen haben heute die gleichen Möglichkeiten wie Männer.

■ Das _____⁶ ich nicht so. Was du sagst, ist nicht ganz _____⁷, denn …

4 Das Paar des Jahres. Ergänzen Sie die Wörter.

a) berufstätig – b) sprechen – c) einkauft – d) zusammenbleiben – e) Streiten – f) kümmert – g) Gemeinsamkeit – h) Schwierigkeiten – i) sympathische

Zum „Paar des Jahres" wurden gestern Katja Lange und Florian Beck gewählt. Lange und Beck haben vor allem eine ☐¹: Sie sind beide Schauspieler. Bei einem Interview erzählte das ☐² Paar jetzt, wie es sich bei einem Filmfest kennengelernt hat. Inzwischen sind die zwei seit vier Jahren verheiratet und immer noch erfolgreich bei Film und Fernsehen beschäftigt. Gibt es da nicht manchmal ☐³ oder Beziehungsprobleme? Wie bei vielen Paaren, bei denen beide Partner ☐⁴ sind, kann es vorkommen, dass sie sich ein paar Tage nicht sehen. Aber sie ☐⁵ über ihre Termine und finden gemeinsame Zeit für sich und die Familie. Vielleicht funktioniert ihre Partnerschaft deshalb so gut, denn wenn sie zusammen sind, haben sie keine Zeit zum ☐⁶. Katja ☐⁷ sich dann liebevoll um die Kinder, aber sie ist auch froh, dass Florian die Lebensmittel ☐⁸. Und dass er immer noch so charmant und aufmerksam ist. Über den Titel „Paar des Jahres" haben sie sich sehr gefreut und hoffen, dass sie immer ☐⁹.

5 Das Paar des Jahres im Interview. Bilden Sie Sätze mit *dass*.

1. Die Zeitungen berichten, *dass* _____
   Katja Lange und Florian Beck wurden zum „Paar des Jahres" gewählt.

2. In einem Interview erzählen sie, _____
   Sie sind seit vier Jahren glücklich verheiratet.

3. Beide sind sich sicher, _____
   Sie wollen weiter als Schauspieler arbeiten.

4. Sie erklären, _____
   Sie sind sehr beschäftigt und haben keine Zeit zum Streiten.

6 Partnerschaft. Notieren Sie die Gegenteile der Adjektive mit *un-* und *-los*.

◆ Ich bin so <u>glücklich</u>! Mein Freund ist so <u>romantisch</u> und <u>verständnisvoll</u>. Aber wir lachen auch viel, denn er ist so <u>humorvoll</u>! Und ich bin sicher, dass er immer <u>ehrlich</u> ist.

■ Wie schön! Ich bin im Moment leider ziemlich _____¹. Mein Freund ist nicht nur _____², sondern auch _____³. Lachen kann man mit ihm auch nicht, denn er ist völlig _____⁴. Und ich habe das Gefühl, dass er _____⁵ ist.

Test 4 — Arbeit im Wandel

Name _____ Kurs _____ Datum _____ Punkte

insgesamt **40**

1 Industriegeschichte. Lesen Sie den Text und kreuzen Sie an: richtig oder falsch? — 8

Industrieregionen früher und heute: die Völklinger Hütte

Während der Industrialisierung im späten 19. Jahrhundert entstanden in Deutschland zahlreiche große Industrieregionen. Doch in den 60er- und 70er-Jahren des 20. Jahrhunderts mussten viele Fabriken und Industrieanlagen aus wirtschaftlichen Gründen schließen und wurden zu Museen oder Kulturzentren. Eine davon ist die Völklinger Hütte, ein ehemaliges Stahlwerk im Saarland, dem kleinsten Bundesland im Südwesten Deutschlands. Mehr als hundert Jahre lang, von 1873 bis 1986, wurde hier Stahl „gekocht", das heißt mit Hilfe der saarländischen Kohle wurde aus französischem und schwedischem Metall Eisen hergestellt. In den besten Zeiten arbeiteten hier 20 000 Menschen und aus der Arbeitersiedlung Völklingen wurde eine moderne Stadt. Doch wegen der weltweiten Wirtschaftskrise produzierte man in den 70er-Jahren immer weniger Stahl, bis die Anlage 1986 ganz geschlossen wurde. Aber schon acht Jahre später erklärte die UNESCO die Völklinger Hütte zum „Weltkulturerbe", also zu einem wichtigen Kulturdenkmal, das geschützt werden muss. Damit hat die Völklinger Hütte heute die gleiche Bedeutung wie z. B. der Kölner Dom, die Chinesische Mauer oder die ägyptischen Pyramiden.

Aus der früheren Industrieanlage ist inzwischen ein Themen- und Freizeitpark geworden. Auf den über 5000 Meter langen Wegen des Museums kann man die ehemaligen Arbeitsplätze und Maschinen im Original und in Multimedia-Shows erleben. Bis zum Jahr 2010 wurden bereits 2,5 Millionen Besucher gezählt. Für die Besichtigung sollte man je nach Interesse etwa zwei bis drei Stunden einplanen. Wer sich für Musik, Kunst und Geschichte interessiert, findet hier auch ein reiches Konzertprogramm und Ausstellungen zu verschiedenen Themen. Naturfreunde können sogar das „Paradies" entdecken: einen Landschaftsgarten, in dem sich die Natur viele Jahre lang ungestört entwickeln konnte. Die Völklinger Hütte bietet für jeden etwas!

1. Die Völklinger Hütte wurde im 20. Jahrhundert gebaut. — Richtig / Falsch
2. Über zweihundert Jahre lang wurde hier Stahl produziert. — Richtig / Falsch
3. 1986 musste die Völklinger Hütte schließen. — Richtig / Falsch
4. Danach wurden alle Maschinen nach Schweden und Frankreich verkauft. — Richtig / Falsch
5. Heute ist die Völklinger Hütte ein Museum, in dem man erleben kann, wie die Menschen früher gearbeitet haben. — Richtig / Falsch
6. Für die Besichtigung braucht man mindestens einen halben Tag. — Richtig / Falsch
7. Zum kulturellen Angebot gehören auch Konzerte. — Richtig / Falsch
8. Das „Paradies" ist ein großer Garten, der besonders für Naturfreunde interessant ist. — Richtig / Falsch

2 Leben und Arbeiten in der Industrieregion. Ergänzen Sie das Kreuzworträtsel. — 7

1. Das Ruhrgebiet ist nach der Ruhr benannt. Das ist ein … in Westdeutschland.
2. Hier baut man Kohle, Metall oder Mineralien ab.
3. Kohle wird auch „schwarzes …" genannt.
4. die Menschen, die in einem Land oder einer Region wohnen
5. Wenn man sich am Arbeitsplatz verletzt, hat man einen …
6. Kleingarten in einer Gartenkolonie
7. In einem … gibt es viele Geschäfte.

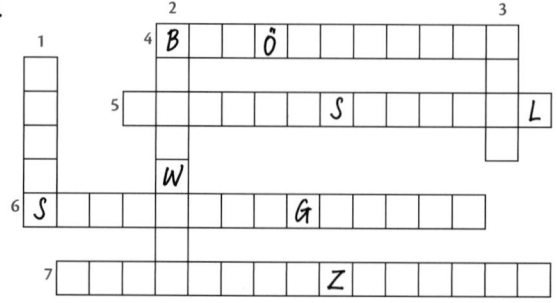

4 Arbeit im Wandel

3 Das Saarland – Freizeit in der Region
a) Ergänzen Sie die Adjektivendungen.

Toll......¹ Wanderungen in der Natur: Wunderschön......² Landschaften mit romantisch......³ Wäldern und sauber......⁴ Flüssen. Die beliebtest......⁵ Touren im kleinst......⁶ Bundesland Deutschlands finden Sie in unserem neu......⁷ Sommerkatalog. **1**

Erleben Sie die spannend......⁸ Geschichte unserer Erde! Im neu eröffnet......⁹ Museum „Gondwana" erfahren Sie durch modern......¹⁰ Technik, wie sich das Leben auf der Erde in über vier Milliarden Jahren verändert hat. Frei......¹¹ Eintritt mit der neu......¹² Saarland-Freizeit-Karte. **2**

b) Welche Überschrift passt zu welcher Anzeige? Ordnen Sie zu. Drei Überschriften passen nicht.

a) Regional kochen lernen
b) Wandern in Frankreich
c) Erdgeschichte ganz nah
d) Industriegeschichte erleben
e) Top-Touren im Saarland
f) Natur pur – gesunde Lebensmittel

Lust auf ein neu......¹³ Hobby? Lernen Sie die kreativ......¹⁴ saarländisch......¹⁵ Küche bei einem persönlich......¹⁶ Kochkurs à la carte kennen. Bekannt......¹⁷ Profiköche zeigen Ihnen, wie Sie lecker......¹⁸ Gerichte kochen und sie mit regional......¹⁹ Weinen kombinieren. Unsere Kurse finden während des ganz......²⁰ Jahres statt. Melden Sie sich noch heute an! **3**

4 Unfälle bei der Arbeit. Ergänzen Sie die Adjektive. Achten Sie auf die Endungen.

glatt – dienstlich – traditionell – bekannt – teuer – klein

Walter M., 55: „Am letzten Arbeitstag vor Weihnachten habe ich mich mit meinen Kollegen in einem _b_......¹ Restaurant zu unserer ......² Weihnachtsfeier getroffen. Unsere Chefin konnte leider nicht kommen, weil ihre ......³ Tochter plötzlich krank geworden war. Nach der Feier bin ich auf der ......⁴ Straße ausgerutscht und habe mir die Wirbelsäule verletzt. Ich konnte lange Zeit nicht arbeiten und musste in eine ......⁵ Spezialklinik. Zum Glück hat die Unfallversicherung alles bezahlt, weil die Weihnachtsfeier eine ......⁶ Veranstaltung war, auch wenn die Chefin nicht dabei sein konnte."

frisch – hoch – steil – stark – gesetzlich – voll

Marita N., 28: „Vor ein paar Monaten hatte ich während der Arbeitszeit sehr ......⁷ Kopfschmerzen. Deshalb wollte ich meine Mittagspause nicht wie sonst in der ......⁸ Kantine verbringen, sondern ein bisschen an der ......⁹ Luft spazieren gehen. Auf dem Weg in den Park bin ich auf einer ......¹⁰ Treppe gestolpert und habe mir den Arm gebrochen. Ich bekam einen Gips, konnte wochenlang nicht arbeiten und brauchte danach eine längere ergotherapeutische Behandlung. Jetzt streite ich mich mit der ......¹¹ Unfallversicherung, weil sie die ......¹² Kosten für die Behandlung nicht übernehmen will."

5 Test
Schule und lernen

Name   Kurs   Datum   Punkte

insgesamt **40**

1 Welche Schule ist die beste? Welche Anzeige passt zu welcher Situation? Ordnen Sie zu. Sie können jede Anzeige nur einmal verwenden. **10**

Musikgymnasium Johann Sebastian Bach
Unterricht auf mindestens zwei Instrumenten, Musiktheorie, schuleigene Chöre und Orchester. Ab Klasse 7 auch Nachmittagsunterricht. **a**

International School
Englisch-deutsche Privatschule mit zweisprachigem Unterricht ab Klasse 1. Informationsveranstaltungen am 23./24.8. **b**

GBG Georg-Büchner-Gymnasium
Ganztagsschule für die Klassen 5–12
Großes Nachmittagsangebot: Wahlfächer und Arbeitsgemeinschaften
Eltern-Informationsabend
am 24.8., 19 Uhr **c**

Sprachschule Interlingua
Fremdsprachenunterricht für Anfänger und Fortgeschrittene
Neues Kursprogramm im November **d**

John-Lennon-Gesamtschule
Klassen 5–12, Hauptschulabschluss, Realschulabschluss, Abitur
Großes Fremdsprachenangebot –
Berufsberatung – Betriebspraktika
in Klasse 9 und 11 – Arbeitsgemeinschaften – Klassenfahrten **e**

Klecks! – Die Kunst-Grundschule
Uns sind nicht nur Lesen, Schreiben und Rechnen wichtig, sondern auch Kunst und Musik. Kinder sind kreativ – wir helfen ihnen bei der Entwicklung ihrer Talente.
Tag der offenen Tür am Samstag, 3.9. ab 15.00 Uhr **f**

1. ☐ Josefa M. sucht eine gute Schule für ihre Tochter. Leonie wird dieses Jahr sechs. Sie malt und singt gern und spielt auch schon ein bisschen Klavier.
2. ☐ Florian K. lebt mit seiner Familie seit acht Jahren in den USA. Die Kinder sind dort zur Schule gegangen, haben aber zu Hause Deutsch gesprochen. Jetzt will die Familie wieder nach Deutschland ziehen.
3. ☐ Gamal Y. ist elf und beendet dieses Jahr die Grundschule. Seine Noten sind ganz gut. Ob er einmal das Abitur machen will, weiß er jetzt noch nicht. Nachmittags möchte er nicht in die Schule gehen, weil er auch noch Zeit für seinen Fußballverein haben will.
4. ☐ Marie F. ist zehn und in der vierten Klasse. Sie hat sehr gute Noten und will später unbedingt Tierärztin werden. Ihre Eltern arbeiten, deshalb wäre es gut, wenn Marie auch nachmittags in der Schule bleiben könnte.
5. ☐ Jana ist 15 und in der 10. Klasse. Sie spielt seit acht Jahren Klavier und seit vier Jahren Gitarre. Außerdem singt sie sehr gerne und möchte Abitur machen. Sie ist mit ihren Eltern umgezogen und sucht eine neue Schule.

2 Rund um die Schule. Ergänzen Sie die Wörter. **10**

1. Zuerst kommen alle Kinder in die G _ _ _ _ _ _ _ _ E, danach gehen sie entweder auf die Hauptschule, die R _ _ _ _ _ _ _ E oder das Gymnasium.

2. Die G _ _ _ _ _ _ _ _ _ E ist eine Schule, die alle Schüler besuchen können. Sie ist eine Alternative zum dreigliedrigen S _ _ _ _ _ _ _ _ M in Deutschland.

3. Das Abitur ist eine Prüfung, die G _ _ _ _ _ _ _ _ _ N am Ende der 12. Klasse machen. Danach hoffen viele auf einen S _ _ _ _ _ _ _ _ Z an der Universität.

4. Ein Z _ _ _ _ _ S ist ein Dokument, das man am Ende des Schuljahres bekommt.

5. Der S _ _ _ _ _ _ _ _ _ N ist eine Liste der Fächer, die ein Schüler jede Woche hat.

6. Der K _ _ _ _ _ _ _ _ M ist das Zimmer, in dem der Unterricht stattfindet.

7. Der H _ _ _ _ _ _ _ _ R ist eine Person, die sich z. B. um Reparaturen kümmert.

3 Wünsche von Schülern und ihren Eltern. Schreiben Sie Sätze wie im Beispiel.

Was Schüler sich wünschen:

1. längere Ferien haben: *Wenn wir doch längere Ferien hätten!*
2. mehr Sport machen können:
3. weniger Klassenarbeiten schreiben:
4. schon mit der Schule fertig sein:
5. später mit der Schule anfangen:

Was Eltern sich wünschen:

6. die Klassen – kleiner sein: *Ich wünschte, die Klassen wären kleiner!*
7. ich – meinem Kind beim Lernen helfen können:
8. mein Kind – lieber zur Schule gehen:
9. mein Kind – bessere Zeugnisse haben:
10. die Lehrer – mehr über die Kinder wissen:

4 Wer wünscht sich was? Schreiben Sie Relativsätze.

Die Schüler wünschen sich eine Schule, *die Spaß macht* ⁰ (sie macht Spaß),

Mitschüler, *mit* _____ ¹ (mit ihnen verstehen sie sich gut),

Unterricht, _____ ² (er ist spannend), und lange

Pausen, _____ ³ (in ihnen können sie spielen).

Die Lehrer wünschen sich Schüler, _____ ⁴

(sie wollen lernen), eine Klasse, _____ ⁵

(in ihr gibt es nicht so viele Schüler), und Kollegen,

_____ ⁶ (mit ihnen kann man gut zusammenarbeiten).

Eltern wünschen sich einen Lehrer, _____ ⁷

(ihre Kinder mögen ihn) und der alle Fragen, _____ ⁸

(seine Schüler stellen sie), beantworten kann.

6 Test
Klima und Umwelt

Name — Kurs — Datum — Punkte insgesamt 40

1 Klimaschutz. Lesen Sie zuerst die Überschriften. Lesen Sie dann die Texte und entscheiden Sie, welche Überschrift am besten zu welchem Text passt. [8]

a Computer – ein Umweltproblem?

b Computerspiel soll Jugendliche auf Energieproblem aufmerksam machen

c Kunst für das Klima: „Hallo, hier spricht ein Gletscher."

d Billig-Flugreisen immer beliebter

e Frühere Katastrophenwarnungen für Menschen in Küstenregionen

f Neue Studie zeigt: Gletscher schmelzen immer schneller

g Falsche Prognosen bei Wetterkatastrophen

h Beim Reisen an die Umwelt denken – Klimaschutz auch in den Ferien

1. Wetterkatastrophen wie Sturmfluten und Hochwasser werden in Zukunft für immer mehr Menschen zu einem ernsten Problem. Diese Prognose veröffentlichte die internationale Hilfsorganisation „Help&Protect" jetzt in Vancouver in ihrem neuen Bericht. Sie sorgt sich vor allem um die Menschen in Küstenregionen und will die Möglichkeiten der Wetterdienste nutzen, um schon die ersten Anzeichen zu erkennen und die Bevölkerung so früh wie möglich zu warnen. Da gegen die Katastrophen selbst nichts getan werden kann, müssen die Regionen besser überwacht und die Einwohner auf Gefahren vorbereitet werden, um sie auf diese Weise zu schützen.

2. Die britische Künstlerin Katie Paterson hat den größten Gletscher Islands mit einer Telefonnummer verbunden. Wer diese wählt, kann dem Eis mit Hilfe eines Unterwasser-Mikrofons beim Schmelzen zuhören. Mit ihrem Projekt macht die Künstlerin auf originelle Weise auf die Erwärmung der Meere und das Ansteigen des Meeresspiegels aufmerksam.

3. Das Strategiespiel „Energetika" hat in München den Deutschen Computerspielpreis gewonnen. Es kann im Internet kostenlos gespielt werden. Der Spieler lebt in der Zukunft und soll ausreichend Energie für sein Land produzieren. Neben Umweltproblemen müssen dabei auch ökonomische und soziale Faktoren beachtet werden. Deshalb muss er sich nicht nur um Forschung und Entwicklung kümmern, sondern auch Politiker und vor allem die Bevölkerung über Kosten und Folgen seiner Projekte informieren. Ein tolles Spiel, das hoffentlich bei vielen jungen Leuten Interesse für dieses aktuelle Thema wecken wird.

4. Nach Informationen von Naturschutzorganisationen richten deutsche Urlauber mit ihren Reisen große Schäden an der Umwelt an. Am schlechtesten für das Klima sind Flugreisen, weil dabei pro Person viel mehr CO2 produziert wird als bei Reisen mit dem Auto, dem Zug oder dem Bus. Deshalb ist es nach Aussage von Tourismusexperten vor allem wichtig, wie weit das Reiseziel entfernt ist und welches Verkehrsmittel man für die Reise wählt. Über Billig-Flugreisen freut sich zwar das Portemonnaie, aber nicht das Klima. Doch auch das Wohnen, Essen und Trinken und die Aktivitäten am Urlaubsort sind wichtige Faktoren. Deshalb sollte man bei der Planung insgesamt umweltbewusster sein und sich schon vorher genau über die Folgen einer Reise informieren.

2 Klimaschutz in der Zukunft. Ordnen Sie die passenden Verben zu und schreiben Sie Prognosen mit *werden* + Infinitiv. [5]

essen – leben – sparen – verreisen – benutzen

1. umweltbewusster: Die Menschen werden ....
2. nicht mehr so oft mit dem Flugzeug: Sie ....
3. mehr öffentliche Verkehrsmittel: Man ....
4. Strom und Wasser: Wir ....
5. weniger Fleisch und Käse: Ich ....

6 Klima und Umwelt

3 Gründe nennen. Bilden Sie Ausdrücke mit *wegen* + Genitiv und ordnen Sie sie den *weil*-Sätzen mit der gleichen Bedeutung zu.   11

> a) die CO2-Produktion – b) die Erderwärmung – c) der Sturm – d) eine Hitzewelle
> e) der Klimawandel – f) die Umweltfolgen des Reisens

1. Weil sich das Klima verändert, machen sich viele Forscher Sorgen.

   [e] *Wegen des* .... machen sich viele Forscher Sorgen.

2. Weil es auf der Erde immer wärmer wird, schmilzt das Eis an den Polen.

   [ ] .... schmilzt das Eis an den Polen.

3. Weil es lange sehr heiß war, gab es in Südeuropa eine Periode der Trockenheit.

   [ ] .... gab es in Südeuropa eine Periode der Trockenheit.

4. Weil es so gestürmt hat, mussten die Bewohner die Region verlassen.

   [ ] .... mussten die Bewohner die Region verlassen.

5. Weil Reisen die Umwelt beeinflusst, sollten Urlauber sich vorher gut informieren.

   [ ] .... sollten Urlauber sich vorher gut informieren.

6. Weil dabei viel CO₂ produziert wird, sind Flugreisen schlecht für die Umwelt.

   [ ] .... sind Flugreisen schlecht für die Umwelt.

4 Die Folgen der Erderwärmung. Schreiben Sie Sätze mit *je ..., desto ...*   10

Es wird wärmer auf der Erde. → Die Gletscher schmelzen schneller. → Es gibt öfter Lawinen. → Mehr Skigebiete müssen schließen. → Weniger Wintersporttouristen kommen. → Die Zahl der Arbeitsplätze sinkt stärker.

1. *Je wärmer es* .... *, desto schneller* ....
2. *Je schneller die Gletscher* .... *, desto* ....
3. *Je öfter* ....
4. ....
5. ....

5 Verbinden Sie die Widersprüche in einem Satz mit *nicht ..., sondern ...*   6

1. *Nicht der Autoverkehr,* ....
   Der Autoverkehr ist nicht das größte Umweltproblem. Das größte Problem ist der Flugverkehr.

2. *Nicht in* ....
   Die meisten Wetterkatastrophen gibt es nicht in den Bergen. Die gibt es in den Küstenregionen.

3. *Nicht* ....
   Nicht nur die Politiker müssen etwas für die Umwelt tun. Das müssen alle Leute.

7 Test
Das ist mir aber peinlich!

Name   Kurs   Datum   Punkte

insgesamt   **40**

1 Urlaubsknigge

a) Lesen Sie den Text und ordnen Sie jedem Absatz eine passende Überschrift zu. Zwei Überschriften passen nicht.   **4**

- a Vokabeln lernen macht Freunde
- b Arabische Frauen auf Reisen
- c Offen sein für Neues
- d Korrekte Kleidung
- e Verhaltensregeln in Deutschland
- f Andere Länder, andere Sitten

1 ☐ Viele Reisende haben es schon einmal erlebt: Ein Verhalten, das in Deutschland in einer bestimmten Situation typisch ist, oder eine Geste, die wir als ganz normal empfinden, kann in anderen Ländern Unsicherheit, Verlegenheit oder sogar Ärger auslösen. Verhaltensregeln sind nicht überall gleich und deshalb ist es nicht immer einfach, sich in einem anderen Land korrekt zu benehmen. Obwohl man natürlich nicht alle Sitten und Bräuche eines Landes kennen kann, gibt es doch weniger Missverständnisse, wenn man sich als Tourist vor Reisebeginn zumindest über ein paar Regeln für den Umgang mit den Menschen im Urlaubsland informiert.

2 ☐ Auch wenn Sie das Verhalten der Menschen in Ihrem Reiseland manchmal komisch finden oder überhaupt nicht verstehen, sollten Sie es nicht kritisieren. Akzeptieren Sie die Unterschiede und zeigen Sie Interesse an neuen Dingen – auch beim Essen. Wenn man Ihnen etwas anbietet, das Sie nicht kennen, dann fragen Sie, was es ist, und probieren Sie es. Es muss ja nicht unbedingt Ihr Lieblingsessen werden. Wenn es Ihnen aber schmeckt, dann freut man sich sicher auch über ein Kompliment.

3 ☐ Wenn Sie die Sprache Ihres Urlaubslandes sprechen, haben Sie natürlich einen großen Vorteil. Aber auch schon wenige Wörter können einen großen Effekt haben. Lernen Sie einige einfache Begrüßungen wie „Guten Morgen" oder „Guten Abend" und Höflichkeitswörter wie „Bitte", „Danke" oder „Entschuldigung" – das ist zwar nicht viel, zeigt aber, dass Sie sich für das Land und seine Bewohner interessieren. Und meistens bekommt man dafür sogar ein Lob – auch wenn die Aussprache nicht perfekt ist.

4 ☐ Die religiösen Verhaltensregeln eines Landes sollten auf jeden Fall beachtet werden. Wenn man z. B. als Frau in arabische Länder reist, sollte man keine kurzen Hosen oder Röcke und keine T-Shirts tragen. Am besten sind weite, lange Hosen oder Röcke und Blusen mit langen Ärmeln. Das ist auch in einigen europäischen Ländern wie Portugal oder Griechenland zu empfehlen. Zwar fahren viele Leute dorthin, um Strandurlaub zu machen, aber den Einwohnern sind ihre alten Traditionen immer noch wichtig und viele finden es einfach unpassend, wenn die Touristen in Badekleidung einkaufen oder essen gehen. Völlig tabu ist es natürlich, in kurzen Hosen oder Badeschuhen eine Kirche zu besichtigen.

b) Verbinden Sie die Sätze.   **8**

1 Wenn man verreist,
2 Wenn man etwas nicht versteht oder komisch findet,
3 Wenn Ihnen jemand eine Speise anbietet,
4 Wenn Ihnen das Essen schmeckt,
5 Wenn man die Sprache des Urlaubslandes nicht spricht,
6 Wenn Frauen in arabische Länder fahren,
7 Wenn man Strandurlaub macht,
8 Und besonders wenn man eine Kirche besichtigen will,

a sollte man zumindest ein paar einfache Ausdrücke lernen.
b sollte man sich vorher über die Verhaltensregeln des Urlaubslandes informieren.
c sollte man nicht zu kritisch sein.
d sollte man nicht in Badekleidung ins Restaurant gehen.
e sollten sie dort immer lange Kleidung tragen.
f sollten Sie diese auch probieren.
g sollte man unbedingt auf passende Kleidung achten.
h sollten Sie es loben.

16   © 2016 Cornelsen Verlag GmbH, Berlin. Alle Rechte vorbehalten.

7 Das ist mir aber peinlich!

2 Gutes Benehmen im Urlaub? Verbinden Sie die Sätze mit *obwohl*.

1. *Tina* ....
   Tina nimmt ihre Kamera ins Museum mit. Man darf dort nicht fotografieren.

2. *Obwohl* ....
   Stefan schmeckt das indische Essen nicht. Er macht der Köchin ein Kompliment.

3. *Obwohl* ....
   Tanja spricht kein Japanisch. Sie kann ein paar Wörter sagen.

4. *Ben* ....
   Ben geht mit Badeschuhen in die Kirche. Das ist verboten.

3 So ein Mist. Schreiben Sie Sätze mit *nachdem*. Benutzen Sie das Präteritum und das Plusquamperfekt.

1. *Nachdem* ....
   Peter / verschlafen → er / zu schnell mit dem Auto / zur Arbeit / fahren

2. ....
   er / einen Unfall haben → seine Familie / ihn im Krankenhaus / besuchen

3. ....
   Peter / aus dem Krankenhaus kommen → er / vier Wochen zu Hause / bleiben

4. ....
   Peter / wieder gesund werden → er / einen neuen Wecker / kaufen

5. ....
   Peter / einen neuen Wecker kaufen → er / nie wieder / verschlafen

4 Knigge aktuell. Markieren Sie die Partizip-I-Formen im Text und ergänzen Sie die Verben.

Neue Studie liefert überzeugende Argumente für gutes Benehmen

Eine neue Studie hat gezeigt, dass gutes Benehmen heute wieder stärker gefragt ist als in den vergangenen Jahrzehnten. Laut der Umfrage freuen sich 94 % der in Deutschland lebenden Frauen, wenn ihnen ein Mann hilft, ihre Tasche zu tragen, und 82 %, wenn ihnen in die Jacke oder den Mantel geholfen wird. Auch ein ehrlich wirkendes Kompliment hören die meisten Frauen gern. 69 % der Frauen ist es wichtig, dass ein Mann im Restaurant oder zu feierlichen Ereignissen in passender Kleidung erscheint. Für Menschen, die mehr über Verhaltensregeln wissen wollen, gibt es ein wachsendes Angebot an Kursen, in denen man gutes Benehmen lernen kann. Informationen erhalten Sie unter folgender Telefonnummer: 080-0123456

1. Argumente, die *überzeugen* ....

2. Frauen, die in Deutschland ....

3. ein Kompliment, das ehrlich ....

4. in Kleidung, die ....

5. ein Angebot, das ....

6. unter der Telefonnummer, die ....

8 Test Generationen

Name _____ Kurs _____ Datum _____ Punkte insgesamt **40**

1 Generationenhäuser. Lesen Sie den Text und fassen Sie ihn zusammen, indem Sie die Sätze in die richtige Reihenfolge bringen. Nummerieren Sie. **10**

Großfamilie heute

Kinder, Vater, Mutter, Oma und Opa alle zusammen in einem Haus? Das war einmal, denken die meisten Menschen heute. Doch seit einigen Jahren hat dieses alte Familienmodell eine moderne Form gefunden: das so genannte *Generationenhaus*. Bei dieser Art des Wohnens ist es allerdings nicht so wichtig, ob da eine richtige Familie zusammenlebt. Denn ein Generationenhaus ist eine Art Wohngemeinschaft für verschiedene Altersgruppen, die die Freuden und Sorgen des Alltags miteinander teilen, auch wenn sie nicht verwandt sind. Wie in jeder Wohngemeinschaft gibt es Zimmer, die nur den einzelnen Bewohnern gehören, und gemeinsame Räume und Bereiche, die von allen zusammen benutzt werden, wie z. B. Bade- und Wohnzimmer, Küche und Garten.

Warum aber sollte man sein Zuhause mit fremden Menschen teilen? Ganz einfach, weil Generationenhäuser Vorteile für alle bieten: Kinder haben mehr Spielkameraden als in der traditionellen Kleinfamilie, Mütter wissen, dass sich jemand um ihre Kinder kümmert, während sie bei der Arbeit sind, und ältere Mitbewohner bekommen Hilfe bei den Aufgaben, die ihnen schwer fallen, wie Fensterputzen oder Gartenarbeit. Natürlich gibt es manchmal auch Konflikte, deshalb sollte man über kritische Themen am besten schon vor dem Umzug in ein Generationenhaus sprechen, besonders über Fragen der Kindererziehung oder über die

Sauberkeit und Ordnung, die man in den gemeinsamen Räumen erwartet.

Oft ist es nicht leicht, passende Häuser für solche Projekte zu finden, denn sie sollten eine zentrale Lage haben, genug Platz bieten und so gebaut sein, dass sich auch alte Leute ohne Probleme darin bewegen können. Deshalb werden heute in vielen deutschen Städten so genannte *Generationenzentren* gebaut, die Altersheim und Kindergarten kombinieren – so wie jetzt im hessischen Limburg, wo gerade ein „Treffpunkt der Generationen" eröffnet wurde, der eine Betreuung für 120 Senioren und 50 Kinder, vom Baby bis zum Schulkind, anbietet. Dazu gehören gemeinsame Aktivitäten wie Kuchenbacken, Theaterspielen, Lesestunden und Computerkurse. Drei weitere Wohnhäuser sind geplant, in die auch Ärzte, Physiotherapeuten und ein Frisör einziehen sollen. Ziel ist es, dass Alt und Jung miteinander leben und lernen, wie man Konflikte gemeinsam lösen kann.

a) ☐ Die Kinder haben immer jemanden zum Spielen.
b) ☐ In den so genannten Generationenhäusern leben Menschen unterschiedlichen Alters wie in einer Wohngemeinschaft zusammen.
c) ☐ Und den Älteren wird bei schwierigen Arbeiten geholfen.
d) ☐ Diese Art des Wohnens ist beliebt, weil sie für alle Vorteile bringt.
e) ☑ *1* Die traditionelle Großfamilie, in der alle unter einem Dach zusammenleben, gibt es heute kaum noch.
f) ☐ Deshalb baut man in vielen Städten inzwischen größere Generationenzentren.
g) ☐ Aber das Prinzip des Zusammenlebens verschiedener Generationen wird wieder neu entdeckt.
h) ☐ Der „Treffpunkt der Generationen" in der Stadt Limburg ist ein gutes Beispiel für so ein Projekt.
i) ☐ Denn die Häuser sollten zentral liegen und ausreichend Platz bieten.
j) ☐ Die Mütter können ruhig zur Arbeit gehen, weil jemand auf die Kinder aufpasst.
k) ☐ Es ist schwer, Häuser zu finden, die man als Generationenhäuser nutzen kann.

Generationen 8

2 Bewohner des Generationenhauses erzählen. Schreiben Sie Sätze mit *seit*.

1. *Seit ich*
   Georg, 68: „Ich lebe im Generationenhaus. Ich fühle mich viel jünger."

2. *Seit*

   Mia, 8: „Mama und ich wohnen hier. Ich habe viel mehr Freunde zum Spielen."

3. *Ich kann*
   Katja, 35: „Ich kann in Ruhe arbeiten. Oma Marta passt auf meine Tochter auf."

4. *Ich*

   Marta, 64: „Ich habe wieder eine Aufgabe. Ich kümmere mich um die kleine Mia."

3 Eine Computerschule für Senioren. Ergänzen Sie die Possessivpronomen im Genitiv.

„Alles fing damit an, dass meine Mutter Briefe *i*_____¹ Schwester abtippen wollte. Darum erklärte ich ihr die Funktionen _____² alten Computers. Das machte ihr so viel Spaß, dass mein Mann und ich im Keller _____³ Hauses eine Computerschule für Senioren gründeten. Eigentlich war das die Idee _____⁴ Söhne. Sie fanden die E-Mails _____⁵ Oma super und erzählten, dass die Großeltern _____⁶ Freunde auch etwas über Computer lernen wollten. Natürlich freue ich mich über das Interesse *m*_____⁷ Schüler. Oft schreiben mir Familien, die über die Kenntnisse _____⁸ Großeltern überrascht sind. Dann bin ich stolz auf den Erfolg *u*_____⁹ Schule. Es ist toll, wenn alte Leute die Zeit _____¹⁰ Rente so aktiv nutzen!"

4 Das perfekte Generationenhaus. Schreiben Sie Sätze mit *nicht nur ..., sondern auch* oder *weder ... noch*.

1. *Das perfekte Haus hat nicht nur*

   genug Zimmer für alle – einen großen Garten

2. *Die Bewohner sind weder*
   zu laut – zu leise

3. *Die Rentner*

   mit den Kindern spielen – ihnen bei den Hausaufgaben helfen

4. *Die alten Leute müssen*
   alleine einkaufen – alleine essen

5. *Alle haben*
   viel Spaß miteinander – helfen sich bei Problemen

6. *Es ist aber*
   immer schön – manchmal schwierig

9 Test Migration

Name _____ Kurs _____ Datum _____ Punkte insgesamt **40**

1 Migration im Museum. Lesen Sie und kreuzen Sie an: richtig oder falsch? **10**

Das Deutsche Auswandererhaus

„Übersee" – das war das Ziel von fast vier Millionen Deutschen, die zwischen 1830 und 1974 in die USA, nach Kanada, Argentinien, Brasilien oder Australien auswanderten, um dort eine neue Heimat zu suchen. In Bremerhaven, wo ihre Reise begann, hat man im August 2005 das größte europäische Museum zum Thema „Auswanderung" eröffnet: Im Deutschen Auswandererhaus, das direkt am Hafen liegt, kann man die Geschichte der Auswanderung mit allen Sinnen erleben. Statt einer Eintrittskarte bekommt man einen Boarding-Pass für ein Auswanderungsschiff. Hier kann man nachgebaute Räume aus verschiedenen Jahrzehnten bewundern und sich sogar in historischen Kostümen fotografieren lassen. Bilder und alte Dokumente erzählen von den Schicksalen einzelner Auswanderer. Die meisten von ihnen mussten lange warten, bis sie endlich ein Schiffsticket in den Händen hielten. Und auch dann hatten sie ihr Ziel noch nicht erreicht, denn die Reise war hart und gefährlich. Hinter den Briefen, Fotos und Tagebüchern, die hier ausgestellt sind, stecken Menschen, deren Geschichten uns auch heute noch bewegen.

Viele Deutsche blieben in Kontakt mit der alten Heimat wie z. B. die Auswanderer aus der Pfalz. Aus dieser Region am Rhein waren schon im 17. und 18. Jahrhundert viele Menschen aus religiösen Gründen nach Pennsylvania ausgewandert. Mit der Zeit entwickelten sie dort sogar eine eigene Sprache, das so genannte „Pennsylvaniadeutsch", in dem sich pfälzische und amerikanische Wörter mischen.

1. Im Jahr 1830 verließen fast vier Millionen Deutsche ihre Heimat.   Richtig / Falsch
2. Die Auswanderer gingen nach Nord- und Südamerika oder Australien.   Richtig / Falsch
3. Das Auswandererhaus liegt direkt am Hafen von New York.   Richtig / Falsch
4. Im Museum erfährt man aus alten Briefen, was die Reisenden erlebten.   Richtig / Falsch
5. Im „Pennsylvaniadeutsch" gibt es pfälzische und amerikanische Ausdrücke.   Richtig / Falsch

2 Passiv im Präsens oder Präteritum? Ergänzen Sie die passenden Verbformen. **6**

1. Das Auswandererhaus .... im August 2005 .... (eröffnen)
2. Dort .... viele alte Bilder und Dokumente .... (zeigen)
3. Einzelne Schicksale .... durch Briefe und Fotos .... (erzählen)
4. In Pennsylvania .... damals eine eigene Sprache .... (entwickeln)
5. Heute .... Pennsylvaniadeutsch von ca. 250.000 Menschen in den USA und Kanada .... (sprechen)
6. Seit 1997 .... in dieser Sprache sogar eine Zeitung .... (drucken)

20 © 2016 Cornelsen Verlag GmbH, Berlin. Alle Rechte vorbehalten.

3 Neue Heimat Deutschland – eine Syrerin erzählt. Ergänzen Sie die Wörter.

a) Heimatstadt – b) Gastarbeiter – c) entscheiden – d) wiederzusehen – e) Rückkehr – f) Lebensbedingungen – g) Arbeitserlaubnis – h) aufgewachsen

Amina Masaad: „1970 kam ich aus Aleppo in Syrien hier nach Stuttgart. Mein Mann Hamit war schon zwei Jahre früher als ☐¹ hergekommen, weil die ☐² in Deutschland einfach besser waren. Hier fand er schnell einen gut bezahlten Job, sodass ich ihm bald nachreisen konnte. Natürlich habe ich mich gefreut, meinen Mann ☐³, aber trotzdem war ich am Anfang oft traurig, denn ich vermisste meine Familie und meine ☐⁴ Aleppo. Mit meinen Kindern lernte ich Deutsch, und nachdem ich eine ☐⁵ bekommen hatte, konnte ich als Köchin in verschiedenen Restaurants arbeiten. Heute leite ich ein Restaurant, in dem es arabische, aber auch regionale deutsche Gerichte, wie z. B. schwäbische Maultaschen gibt. Meine Kinder helfen mir oft. Sie fühlen sich wie Deutsche, denn sie sind ja hier ☐⁶. Eine ☐⁷ nach Syrien können sie sich nicht vorstellen. Aber wer weiß, vielleicht ☐⁸ mein Mann und ich uns eines Tages, wieder in unsere alte Heimat zurückzukehren …"

4 Relativpronomen im Genitiv. Verbinden Sie die Sätze mit *deren* oder *dessen*.

1. *Amina,* ....
   Amina kam 1970 nach Stuttgart. Ihr Mann war schon vorher ausgewandert.

2. ....
   Hamit wollte in Deutschland bleiben. Sein Job war gut bezahlt.

3. ....
   Aminas Kinder wollen nicht nach Syrien zurück. Ihre Heimat ist Deutschland.

5 In Aminas Restaurant. Schreiben Sie Sätze mit *lassen*.

Amina hat viel zu tun. Zum Glück helfen ihr ihre Kinder.

> Die Zwiebeln müssen angebraten werden!
> Die Tomaten müssen halbiert werden!
> Die Kartoffeln müssen gekocht werden!
> Die Suppe muss abgeschmeckt werden!
> Das Brot muss geschnitten werden!

1. *Amina lässt sie die Zwiebeln anbraten.*
2. *Sie* ....
3. ....
4. ....
5. ....

6 Rezept für Schwäbische Maultaschen. Schreiben Sie Sätze mit *man*.

1. *Zuerst verarbeitet man die Zutaten zu einem Teig.*
2. *Dann* ....
3. *Man* ....
4. *Schließlich* ....

Schwäbische Maultaschen
Teig: Eier, Mehl, Salz, Öl
Füllung: Brötchen, Milch, Fleisch, Zwiebeln, Spinat
1. *die Zutaten zu einem Teig verarbeiten*
2. *die Zutaten für die Füllung mischen*
3. *den Teig und die Füllung zu Taschen formen*
4. *die Maultaschen 10 bis 15 Minuten kochen*

10 Test Europa

Name   Kurs   Datum   Punkte
                                          insgesamt   **40**

1 ERASMUS – eine europäische Idee. Lesen Sie den Text und verbinden Sie die Sätze.   **8**

Das ERASMUS-Programm wurde von der Europäischen Union gegründet, um die Zusammenarbeit europäischer Hochschulen und die Mobilität von Studenten und Praktikanten zu fördern. Durch die Erfahrungen, die junge Leute bei ihrer Ausbildung im Ausland machen, sollen sie flexibler und offener gegenüber anderen Kulturen werden. Inzwischen nehmen alle Mitgliedsländer der EU sowie sechs weitere europäische Staaten an dem Programm teil. Damit sich ein Auslandsstudium wirklich lohnt, ist es notwendig, dass Studienleistungen überall akzeptiert werden. Deshalb hat man ein Kreditsystem eingeführt, bei dem die Studenten für ihre Arbeit Punkte bekommen. Diese können sie zu Hause für ihren Studienabschluss nutzen.
Ein ganz wichtiger Teil des Programms ist die finanzielle Unterstützung: Die Studienaufenthalte und Auslandspraktika werden durch Stipendien gefördert, für die sich jeder bewerben kann.
Bisher haben schon über zwei Millionen junge Menschen mit ERASMUS ein oder mehrere Semester in einem anderen europäischen Land verbracht. 2009/2010 konnten deutsche Hochschulen über 24.000 Studenten an Partneruniversitäten schicken; 5.000 weitere machten mit Hilfe von ERASMUS ein Auslandspraktikum. Die beliebtesten Zielländer waren Spanien, Frankreich und England. Doch auch Deutschland ist für viele attraktiv, denn pro Jahr kommen rund 17.000 Studenten aus dem Ausland an die deutschen Universitäten.
Insgesamt nutzen jährlich etwa 200.000 Studenten die Möglichkeiten des ERASMUS-Programms – ein großer Erfolg für die europäische Idee.

Das ERASMUS-Programm 1
Neben den EU-Ländern 2
Studienleistungen werden 3
Studenten können ihr Auslandsstudium 4
Über zwei Millionen Studenten 5
Deutsche Studenten gehen am liebsten 6
An deutschen Hochschulen 7
Die Teilnehmerzahlen sind ein Beweis 8

a durch Stipendien finanzieren.
b fördert die Zusammenarbeit der Universitäten.
c nach Spanien, Frankreich und England.
d nehmen sechs weitere Länder an dem Programm teil.
e für den Erfolg des Programms.
f studieren jährlich ca. 17.000 ausländische Studenten.
g von allen Universitäten akzeptiert.
h haben bereits mit ERASMUS in einem anderen Land studiert.

2 Wortbildung: Nomen mit –keit und –heit. Ergänzen Sie die Substantive.   **7**

Die EU bedeutet für die Bürger Europas mehr _____¹ (frei): Sie können nicht nur ohne Kontrollen reisen, sondern auch an ausländischen Universitäten studieren. In der _____² (vergangen) war das oft kompliziert, aber das neue Kreditsystem gibt den Studierenden die _____³ (sicher), dass ihre Studienleistungen überall akzeptiert werden. Auch Studenten, die _____ (Pl.)⁴ (schwierig) haben, ein Auslandsstudium zu finanzieren, brauchen keine Angst zu haben, ihre _____⁵ (unabhängig) von den Eltern zu verlieren. Denn jeder hat die _____⁶ (möglich), ein Stipendium zu bekommen und ein anderes europäisches Land kennenzulernen. Da viele Studenten die Sprache ihres Ziellandes lernen, fördert das Programm auch die _____⁷ (mehrsprachig) Europas.

3 ERASMUS in den Niederlanden. Ergänzen Sie die Präpositionen und Fragewörter.

auf – für – über – ~~über~~ – von – an

Liebe Rentje,
vielen Dank für deine nette Mail. Ich bin wirklich froh, dass das Zimmer in eurer WG noch frei ist und ich bei euch einziehen kann. Ich habe schon so lange _____¹ einem Studium in den Niederlanden geträumt! Leider ist mein Niederländisch noch nicht so gut, obwohl ich zurzeit _____² einem Intensivkurs teilnehme und mich eigentlich sehr _____³ Sprachen interessiere. Aber die Grammatik ist nicht einfach und ich ärgere mich immer _____⁴ meine dummen Fehler. Ich hoffe, das wird schnell besser, wenn ich mit euch zusammen wohne! Ich freue mich schon _____⁵ unser erstes Treffen in drei Wochen!
Deine Inken

PS: Danke auch für die Fotos! Besonders gefreut habe ich mich *über*⁶ das von dir und deinen Katzen. Ach ja, Katzen haben es gut! Die brauchen keine Fremdsprachen zu lernen. ☺

_____⁷ hat Inken lange geträumt?   _____¹⁰ ärgert Inken sich?
_____⁸ nimmt Inken teil?   _____¹¹ freut Inken sich?
_____⁹ interessiert sie sich?   *Worüber*¹² hat sie sich besonders gefreut?

4 Gegensätze. Schreiben Sie Sätze mit *trotzdem*.

1. *Die Wohnungssuche*
   Die Wohnungssuche ist oft schwierig. Inken hat schnell ein Zimmer gefunden.

2. _____
   Inken macht einen Niederländisch-Intensivkurs. Sie macht noch viele Fehler.

3. _____
   Sprachenlernen braucht Zeit. Inken würde gern sofort Niederländisch können.

5 Wie lernt man am besten Sprachen? Schreiben Sie Sätze mit *entweder ... oder ...*

1. *Man kann entweder*
   ein Jahr im Ausland verbringen – die Sprache im eigenen Land lernen

2. *Man kann sich*
   sich bei einer Sprachschule anmelden – einen guten Privatlehrer finden

3. _____
   einen Online-Kurs machen – sich einen Tandem-Partner suchen

6 Katzen haben es gut! Schreiben Sie Sätze wie im Beispiel.

1. (keine) Sprachen lernen: *Katzen brauchen keine Sprachen zu lernen.*
2. (nicht) studieren: *Sie*
3. (keine) Wohnung suchen: _____
4. (keine) E-Mails schreiben: _____

Gesamttest
Einheit 1–5

Lesen (ca. 65 Minuten)

Teil 1 (ca. 10 Minuten)

**Lesen Sie den Text und die Aufgaben 1 bis 6 dazu.
Wählen Sie: Sind die Aussagen Richtig oder Falsch?**

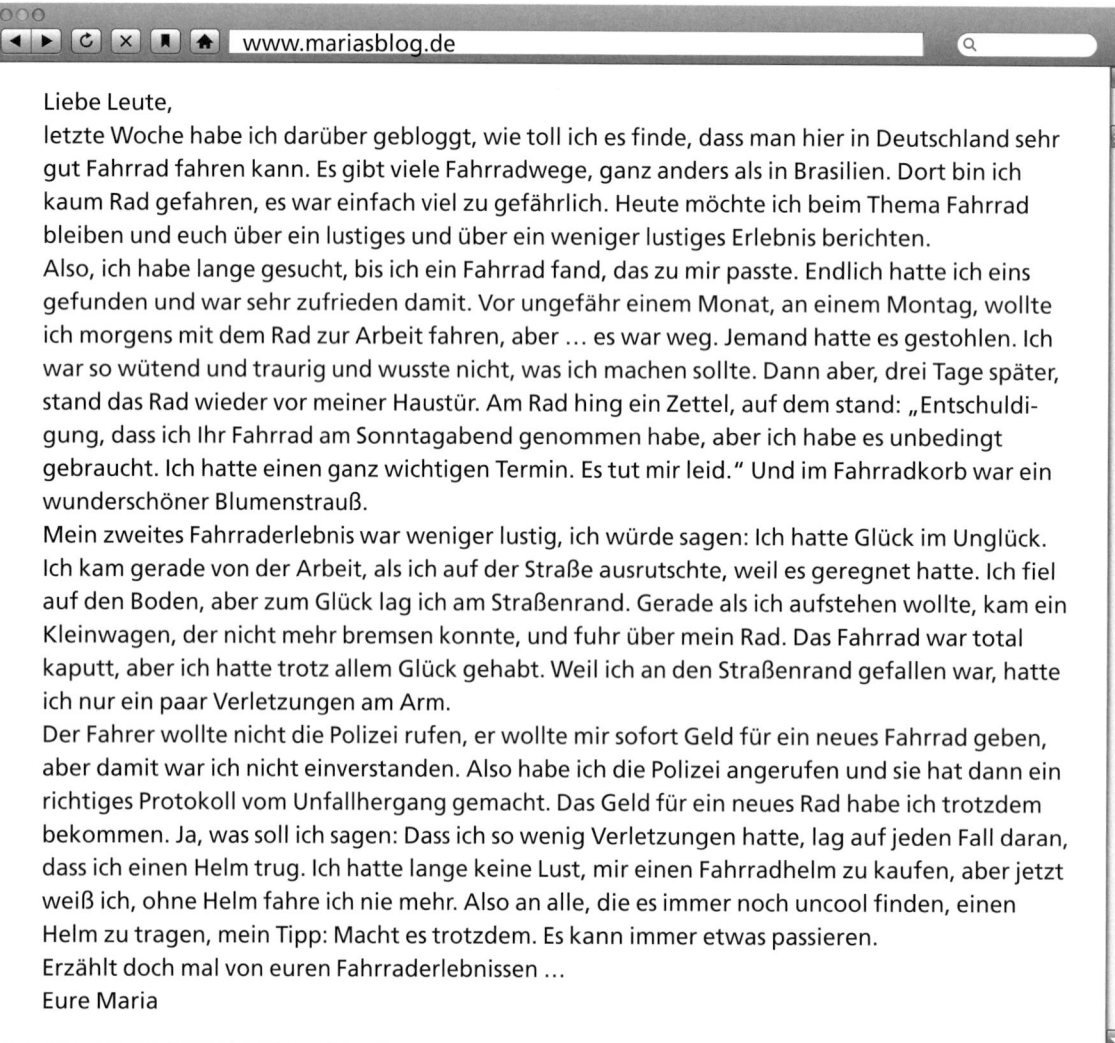

www.mariasblog.de

Liebe Leute,
letzte Woche habe ich darüber gebloggt, wie toll ich es finde, dass man hier in Deutschland sehr gut Fahrrad fahren kann. Es gibt viele Fahrradwege, ganz anders als in Brasilien. Dort bin ich kaum Rad gefahren, es war einfach viel zu gefährlich. Heute möchte ich beim Thema Fahrrad bleiben und euch über ein lustiges und über ein weniger lustiges Erlebnis berichten.
Also, ich habe lange gesucht, bis ich ein Fahrrad fand, das zu mir passte. Endlich hatte ich eins gefunden und war sehr zufrieden damit. Vor ungefähr einem Monat, an einem Montag, wollte ich morgens mit dem Rad zur Arbeit fahren, aber … es war weg. Jemand hatte es gestohlen. Ich war so wütend und traurig und wusste nicht, was ich machen sollte. Dann aber, drei Tage später, stand das Rad wieder vor meiner Haustür. Am Rad hing ein Zettel, auf dem stand: „Entschuldigung, dass ich Ihr Fahrrad am Sonntagabend genommen habe, aber ich habe es unbedingt gebraucht. Ich hatte einen ganz wichtigen Termin. Es tut mir leid." Und im Fahrradkorb war ein wunderschöner Blumenstrauß.
Mein zweites Fahrraderlebnis war weniger lustig, ich würde sagen: Ich hatte Glück im Unglück. Ich kam gerade von der Arbeit, als ich auf der Straße ausrutschte, weil es geregnet hatte. Ich fiel auf den Boden, aber zum Glück lag ich am Straßenrand. Gerade als ich aufstehen wollte, kam ein Kleinwagen, der nicht mehr bremsen konnte, und fuhr über mein Rad. Das Fahrrad war total kaputt, aber ich hatte trotz allem Glück gehabt. Weil ich an den Straßenrand gefallen war, hatte ich nur ein paar Verletzungen am Arm.
Der Fahrer wollte nicht die Polizei rufen, er wollte mir sofort Geld für ein neues Fahrrad geben, aber damit war ich nicht einverstanden. Also habe ich die Polizei angerufen und sie hat dann ein richtiges Protokoll vom Unfallhergang gemacht. Das Geld für ein neues Rad habe ich trotzdem bekommen. Ja, was soll ich sagen: Dass ich so wenig Verletzungen hatte, lag auf jeden Fall daran, dass ich einen Helm trug. Ich hatte lange keine Lust, mir einen Fahrradhelm zu kaufen, aber jetzt weiß ich, ohne Helm fahre ich nie mehr. Also an alle, die es immer noch uncool finden, einen Helm zu tragen, mein Tipp: Macht es trotzdem. Es kann immer etwas passieren.
Erzählt doch mal von euren Fahrraderlebnissen …
Eure Maria

noch **Teil 1**

Beispiel

0 Maria ist früher nur selten Fahrrad gefahren. | ~~Richtig~~ | *Falsch*

1 Maria war verzweifelt, weil jemand ihr Rad gestohlen hat. | Richtig | *Falsch*

2 Maria wollte mit ihrem Rad zu einer wichtigen Verabredung. | Richtig | *Falsch*

3 Der „Dieb" von ihrem Fahrrad hat ihr Blumen geschenkt. | Richtig | *Falsch*

4 Bei einem Unfall ist Maria nicht viel passiert. | Richtig | *Falsch*

5 Der Fahrer hat ihr ein neues Rad gekauft. | Richtig | *Falsch*

6 Die Polizei hat Maria Tipps gegeben, wie man sicher Fahrrad fährt. | Richtig | *Falsch*

Einheit 1–5

Teil 2 (ca. 20 Minuten)

Lesen Sie den Text aus der Presse und die Aufgaben 7 bis 9 dazu.
Wählen Sie bei jeder Aufgabe die richtige Lösung a, b oder c.

Was ist eigentlich Zeit?

Das moderne Leben hat unser Gefühl für Zeit verändert. Immer wollen wir so viel wie möglich schaffen und haben Angst, etwas zu verpassen. Eigentlich ist unser Alltag durch die modernen Technologien angenehmer geworden. Wir müssen nicht mehr auf Briefe warten, online einkaufen geht bequem und schnell, mit mobilem Internet können wir überall arbeiten und telefonieren. Und trotzdem haben wir das Gefühl, dass wir keine Zeit mehr haben. Aber muss man wirklich immer erreichbar sein? Wir haben uns daran gewöhnt, dass E-Mails möglichst sofort beantwortet werden, und dass man sich sofort meldet, wenn man einen Anruf oder eine SMS bekommen hat. Sonst findet man auf seiner Mailbox besorgte Fragen von Bekannten, was einem denn nur passiert sein könnte.

Man will informiert sein – sofort und über alles und jeden. Und das wird immer einfacher: Per Internet bekommen wir die neuesten Nachrichten regelmäßig auf das Smartphone. Das ist zwar praktisch, aber wir müssen lernen, wie wir diese Informationen verarbeiten: die aktuellen politischen Entwicklungen, das neue Baby einer Facebook-Freundin, der neue Kinofilm … Die moderne Technik macht das Leben vielleicht interessanter, aber gleichzeitig steigt auch die Unzufriedenheit vieler Menschen. Das Gefühl, nicht alles tun zu können und für nichts mehr richtig Zeit zu haben, führt zu Stress. Deshalb müssen wir lernen, aus dem riesigen Angebot nur das für uns wirklich Wichtige auszuwählen.

aus einer deutschen Zeitung

Beispiel

0 Die moderne Technik hilft uns …
a ohne Stress zu leben.
b weniger warten zu müssen.
c mehr Zeit zu haben.

7 Es wird erwartet, …
a dass man regelmäßig E-Mails schreibt.
b dass man auch unterwegs arbeitet.
c dass man auf E-Mails und SMS schnell reagiert.

8 Die Menschen …
a sind zufriedener als früher.
b müssen lernen, was wichtig und weniger wichtig ist.
c sind schlechter informiert als in der Vergangenheit.

9 In diesem Text geht es um …
a Tipps zum Zeitmanagement.
b die Vorteile des mobilen Internets.
c den Einfluss moderner Technologien auf unser Leben.

noch Teil 2

**Lesen Sie den Text aus der Presse und die Aufgaben 10 bis 12 dazu.
Wählen Sie bei jeder Aufgabe die richtige Lösung a, b oder c.**

Der Traum vom eigenen Grün

Mehr als eine Million Kleingärten gibt es in Deutschland – besonders viele in Industrieregionen wie dem Ruhrgebiet, wo die Idee schon seit dem vorletzten Jahrhundert populär ist. Oft nennt man die Kleingärten auch Schrebergärten, nach dem Leipziger Arzt Daniel Gottlob Schreber, der sich im 19. Jahrhundert für Grünflächen in der Stadt einsetzte. Das war alles vor mehr als 150 Jahren und bis heute erfreuen sich die Kleingärten in den Städten großer Beliebtheit. Die meisten Hobbygärtner sind Mitglieder in Vereinen und beschließen gemeinsam, wie hoch die Bäume sein dürfen, damit das Gemüse im Nachbargarten noch genug Licht bekommt, oder wie oft das Gras in den Gärten gemäht werden muss. Diese früher oft strengen Regeln sind aber in letzter Zeit offener geworden, sodass auch immer mehr jüngere Leute Interesse daran haben, einen Kleingarten zu mieten. Vor allem Familien mit Kindern, die schon länger in der Stadt wohnen, interessieren sich für einen Schrebergarten. Und ein Trend ist es auch, das eigene Gemüse wie Tomaten, Kartoffeln oder Gurken anzubauen. Lebensmittel, die biologisch und gut für den Körper sind. Inzwischen wachsen in Kleingärten sogar exotische Früchte wie Kiwis oder Orangen und einige Optimisten versuchen, ihren eigenen Wein anzubauen.

aus einer deutschen Zeitung

10 In diesem Text geht es darum, dass viele Menschen ...
  a nicht mehr in der Stadt wohnen möchten.
  b einen Ausgleich für das Stadtleben suchen.
  c kein Gemüse mehr im Supermarkt kaufen.

11 In den Kleingärten ...
  a fühlen sich Jung und Alt wohl.
  b gibt es zu wenig Grünflächen.
  c muss man sich nicht mehr an Regeln halten.

12 Viele Kleingärtner wollen sich in den Gärten nicht nur entspannen, ...
  a sondern dort auch Partys mit Wein feiern.
  b sondern auch gesundes Essen anbauen.
  c sondern auch längere Zeit dort wohnen.

Einheit 1–5

Teil 3 (ca. 10 Minuten)

Lesen Sie die Situationen 13 bis 19 und die Anzeigen a bis j aus verschiedenen deutschsprachigen Medien. Wählen Sie: Welche Anzeige passt zu welcher Situation? Sie können jede Anzeige nur einmal verwenden. Die Anzeige aus dem Beispiel können Sie nicht mehr verwenden. Für eine Situation gibt es keine passende Anzeige. In diesem Fall schreiben Sie 0.

Einige Ihrer Bekannten möchten anderen Personen eine Freude machen.

Beispiel

0 Ludmilla sucht ein originelles Hochzeitsgeschenk für ein Freundespaar. Die beiden lieben Ausflüge in die Natur. — Anzeige: *c*

13 Peters Vater feiert bald seinen 65. Geburtstag. Peter möchte bei sich zu Hause ein großes Familienfest organisieren und braucht dafür Geschirr und Möbel. — Anzeige: ....

14 Stefan möchte Freunde zu einer Stadtrundfahrt durch Berlin einladen. — Anzeige: ....

15 Laura sucht für ihre Freunde, die eine neue Wohnung gefunden haben, ein passendes Geschenk. Sie lieben Kunst. — Anzeige: ....

16 Martina möchte ihrer Freundin etwas schenken. Ihre Freundin geht gern auf Musikveranstaltungen. — Anzeige: ....

17 Barbara sucht für ihren Mann etwas, damit er sich besser entspannen kann. — Anzeige: ....

18 Der fünfjährige Sohn von Anne und Paolo hat bald Geburtstag. Für das Fest suchen sie eine Idee für eine Überraschung. — Anzeige: ....

19 Nadja sucht ein Geburtstagsgeschenk für ihre Eltern. Beide lieben Filme. — Anzeige: ....

a Tische, Stühle und Schränke

ganz nach Ihrem Geschmack. Wir stellen Möbel für Ihre Wohnung ganz nach Ihren Wünschen her. Kommen Sie am besten noch heute vorbei. Tischlerei Hellwig, Gewerbehofstraße 15.

b WILLKOMMEN IM KINOGUTSCHEINZENTRUM VON CINEHELD

Gutscheine online bestellen. Die Gutscheine sind ein Jahr gültig. Für Filme mit Überlänge muss eventuell ein Aufpreis bezahlt werden. Bei jedem Kinobesuch erhalten Sie außerdem ein Erfrischungsgetränk gratis.

noch Teil 3

c Über den Wolken – Ballonfahrten in Bayern

Wir starten in einer der schönsten Landschaften Süddeutschlands, im Herzen des Bayerischen Allgäus.

Die Fahrt im Heißluftballon dauert 90 Minuten und bietet eine fantastische Sicht auf Berge und Seen.

www.ueberdenwolken.de

d Entdecken Sie Ihre Stadt im Doppeldecker

Von unseren Bussen haben Sie eine wunderschöne Sicht auf die Sehenswürdigkeiten Ihrer Stadt.
Unser Programm bieten wir in allen großen Städten Deutschlands an. Informationen gibt es in acht Sprachen. Jetzt buchen bei www.Doppeldecker-Tourismus.de

e *Partywelt-online*

Spiele für Ihre Kleinen, drinnen und draußen, ökologisches Spielzeug, originelle Rezepte, alles damit Ihr Fest ein tolles Erlebnis wird. Luftballons in allen Farben.

Material für kreative Glückwunschkarten.

www.partywelt.de

f Alles fürs Fest

Sie haben etwas zu feiern, aber nicht genug Stühle, Teller, Gabeln, …? Kein Problem, wir liefern alles: Tische, Stühle, Gläser, Teller, Besteck, … und vieles mehr.

Partyservice Konfetti Homepage:
www.konfetti.com

g *Stressfrei einkaufen im Baumarkt-Süd*

Eine neue Wohnung? Wir kümmern uns um Ihr Zuhause!

Ab sofort: große Blumenausstellung zu niedrigen Preisen.

Bringen Sie die Natur in Ihr Haus und verschenken Sie einen Gutschein — das besondere Geschenk für jeden Anlass.

h Kinderfreizeiten

für Kinder von sechs bis zehn Jahren. Eine Woche lang ein tolles Angebot. Jeder Tag wird zum Urlaub mit Spielen, Wanderungen, Abenteuern.

Termin 1. bis 7 Juli
Tel. 0152 3466722

i **Berlin entdecken** mit der Broschüre *Zu Fuß in Berlin*

Entdecken Sie die Hauptstadt zu Fuß. Entspannen Sie sich mitten in der Stadt. Auf 50 Seiten erhalten Sie Informationen über Sehenswürdigkeiten, Ausstellungen berühmter Künstler, Rundfahrten und vieles mehr. Mit Geschenkgutschein für ein Konzert Ihrer Wahl.

Bestellen sie jetzt: 030/33345772

j *Stress im Alltag?*

In unseren Yogakursen lernen Sie, mit Stress im Alltag und Beruf umzugehen. Nehmen Sie eine Probestunde. Sie lernen auch, die Übungen zu Hause anzuwenden. Für Anfänger und Fortgeschrittene.

Yoga Centrum Ost, Tel. 0152 34 667

Einheit 1–5

Teil 4 (ca. 15 Minuten)

Lesen Sie die Texte 20 bis 26. Wählen Sie: Ist die Person <u>für eine Einführung von Ganztagsschulen in ganz Deutschland</u>?

In einer Zeitschrift lesen Sie Kommentare zu einem Vorschlag, in ganz Deutschland Ganztagsschulen einzuführen.

Beispiel 0 Tom — **Ja** / Nein	20 Karsten — Ja / Nein	24 Rainer — Ja / Nein
	21 Barbara — Ja / Nein	25 Erik — Ja / Nein
	22 Ilona — Ja / Nein	26 Susanne — Ja / Nein
	23 Beata — Ja / Nein	

Leserbriefe

Beispiel In Deutschland gibt es schon in vielen Bundesländern Ganztagsschulen. Eine Einführung überall in Deutschland ist allerdings schwierig, denke ich, weil die finanziellen Mittel fehlen. Ich finde es keine schlechte Idee, in anderen Ländern gibt es das ja auch schon, auch wenn meine Kinder wahrscheinlich nicht so begeistert wären. Ich denke, für die Schüler wäre es besser, wenn sie die Hausaufgaben nicht mehr zu Hause machen müssten, sondern nachmittags in der Schule.
Tom, 35, Krefeld

20 Ich bin gern zur Schule gegangen, aber ich war immer froh, wenn die Schule aus war. Ich kann mir nicht vorstellen, dass es mir oder meinen Kinder gefallen würde, noch länger in der Schule zu bleiben. Nehmt den Kindern, die heute schon so wenig Freizeit haben, bitte nicht noch mehr von ihrer freien Zeit weg.
Karsten, 28, Stuttgart

21 Meine Tochter geht auf eine Ganztagsschule. Ich war zuerst skeptisch, dann aber habe ich meine Tochter doch auf einer solchen Schule angemeldet. Auf dieser Schule ist Ganztagsunterricht nämlich Ganztagsbetreuung. Die Kinder lernen nicht doppelt so viel wie vorher, sondern die Schule hat ein tolles Freizeitangebot für die Kinder. Und Bea hat schon sehr viele Freunde gefunden.
Barbara, 32, Freiburg

22 Ich bin alleinerziehend und hatte schon Probleme, einen Ganztagskindergarten für Jens zu finden. Es klingt vielleicht etwas egoistisch, aber wenn es mehr Ganztagsschulen gäbe, könnte ich Familie und Beruf viel besser verbinden. Und wenn ich Jens um 16 oder 17 Uhr von der Schule abholen würde, wäre das doch auch kein Problem. Und er wäre dann nicht mehr so oft alleine.
Ilona, 35, Essen

23 Ganztagsschulen machen es den Eltern zu einfach. Ich arbeite bewusst im Moment nur noch halbtags, mein Mann wird nächstes Jahr weniger arbeiten. Wenn man Kinder hat, soll man sich auch Zeit für sie nehmen. Trotz aller Vorteile, die die Ganztagsschulen sicher haben. Für die Kinder ist es besser, zu Hause sein zu können.
Beata, 32, Duisburg

24 Muss heute denn alles vom Staat geregelt werden? Wie sollen meine Kinder lernen, selbstständig zu sein, wenn ihr Leben den ganzen Tag organisiert wird? Es gibt ja auch Angebote von Kinderhäusern, Jugendhäusern und Vereinen, die die Jugendlichen besuchen können, die sollte man fördern. Ich sehe die Gefahr, dass durch den Ausbau der Ganztagsschulen diese offenen Angebote irgendwann nicht mehr finanziert werden.
Rainer, 40, Saarbrücken

25 Ich kann mir Ganztagsschulen nur schwer vorstellen. Ich mache jetzt bald Abitur, und bin froh, wenn ich endlich mit der Schule fertig bin. Aber wenn ich mir das genauer überlege, vielleicht wären Ganztagsschulen doch nicht so schlecht. In den letzten Monaten hatte ich niemanden, der mir gut bei der Vorbereitung auf die Prüfung helfen konnte, eine gute Hausaufgabenhilfe nachmittags hat doch einen Sinn. Also, einverstanden.
Erik, 18, Frankfurt

26 Es kommt darauf an. Wenn es ein offenes Konzept gibt, also nachmittags nicht nur gelernt wird, sondern es ein gut organisiertes Freizeitangebot gibt, finde ich die Idee gut. Als zusätzliches Lernangebot finde ich Ganztagsschulen nicht schlecht, aber nur noch Ganztagsschulen überall, wie im Artikel vorgeschlagen, dagegen bin ich auf jeden Fall.
Susanne, 38, Dieburg

Teil 5 (ca. 10 Minuten)

**Lesen Sie die Aufgabe 27 bis 30 und den Text dazu.
Wählen Sie bei jeder Aufgabe die richtige Lösung a, b oder c.**

Sie informieren sich über die Bedingungen für das Jahresabo der VVV-Verkehrsbetriebe.

27 Fahrgäste können mit dem Jahresabo ...
  a länger als ein Jahr fahren.
  b Geld sparen.
  c kein Gemüse mehr im Supermarkt kaufen.

28 Mit dem Jahresticket ...
  a dürfen am Wochenende zwei weitere Erwachsene fahren.
  b dürfen Kinder immer kostenlos mitfahren.
  c können auch andere Personen fahren.

29 Kommt die U-Bahn oder S-Bahn zu spät, ...
  a können Sie Geld für ein Taxi zurückbekommen.
  b organisieren die Verkehrsbetriebe eine Fahrt mit dem Taxi.
  c zahlen Sie für das Ticket im nächsten Jahr weniger.

30 Wenn Sie Ihr Ticket verloren haben, ...
  a endet das Abo.
  b können Sie ein neues Ticket bekommen.
  c muss es gekündigt werden.

Das Jahresabo-Verkehrsticket

Zahlungsweise: Bei monatlicher Zahlung wird der Betrag zum Monatsersten zehn Mal von Ihrem Konto abgebucht. Sie können unsere Verkehrsmittel ein ganzes Jahr benutzen, zahlen aber nur für zehn Monate. Bei jährlicher Zahlung zahlen Sie einmal den Ticketpreis für nur neun Monate, können aber unsere Verkehrsmittel ebenfalls das ganze Jahr benutzen.

Weitere Vorteile: Die Abo-Karte ist übertragbar, das heißt, Sie können das Ticket jederzeit an eine andere Person weitergeben. Sie können montags bis freitags ab 19 Uhr, samstags ab 16 Uhr und an Sonn- und Feiertagen ganztags eine zweite Person kostenlos mitnehmen, wie auch bis zu vier Kinder bis zum Alter von 14 Jahren.

Mobilitätsgarantie: Bei Verspätungen ab 30 Minuten und Fahrtausfällen, wobei die Verkehrsbetriebe für die Verspätung verantwortlich sein müssen, übernehmen die VVV-Verkehrsbetriebe die Taxikosten bis zu einer Höhe von 50 Euro. Gegen Vorlage einer Quittung des Taxiunternehmens erhalten Sie dann innerhalb von zwei Wochen die Ihnen entstandenen Kosten überwiesen. Eine Verrechnung mit den Kosten für das Jahresticket ist nicht möglich.

Weitere Bedingungen: Das Abo verlängert sich automatisch um ein Jahr, wenn es nicht einen Monat vor Ablauf schriftlich gekündigt wird.

Bei Verlust oder Diebstahl informieren Sie sofort die VVV-Verkehrsbetriebe. Das Ticket wird dann automatisch ungültig. Gegen eine Gebühr von 30 Euro erhalten Sie dann ein neues Ticket.

Hören (ca. 40 Minuten)

 Teil 1

Sie hören nun fünf kurze Texte. Sie hören jeden Text <u>zweimal</u>. Zu jedem Text lösen Sie zwei Aufgaben. Wählen Sie bei jeder Aufgabe die richtige Lösung.
Lesen Sie zuerst das Beispiel. Dazu haben Sie 10 Sekunden Zeit.

Beispiel
01 Sie hören Informationen für Englischlehrer. | Richtig | ~~Falsch~~

02 Die Veranstaltung …
   ☒ a ist an einem anderen Ort.
   b fällt heute aus.
   c findet in einer Schule statt.

Text 1
1 Sie hören eine Staumeldung. | Richtig | Falsch

2 Auf der Kaiserstraße …
   a gibt es eine Baustelle.
   b kann man heute nicht fahren.
   c macht die Polizei Kontrollen.

Text 2
3 Am Wochenende wird es wärmer. | Richtig | Falsch

4 In Köln …
   a gibt es am Wochenende keinen Regen.
   b ist es am Wochenende sehr windig.
   c kann es am Wochenende etwas schneien.

Text 3
5 Frau Gerlach bekommt einen Anruf von der Klassenlehrerin ihrer Tochter. | Richtig | Falsch

6 Der Termin für den Elternabend …
   a ist nächste Woche.
   b ist nächsten Monat.
   c steht noch nicht fest.

Text 4
7 Die Berufsgenossenschaft hat eine neue Adresse. | Richtig | Falsch

8 Besucher …
   a müssen vorher einen Termin ausmachen.
   b können donnerstags auch abends kommen.
   c können 24 Stunden am Tag anrufen.

Text 5
9 Eine Freundin braucht einen Rat. | Richtig | Falsch

10 Anne …
   a ist verliebt.
   b mag keine teuren Autos.
   c ist unsicher.

Einheit 1–5 | **10**

 Teil 2

**Sie hören nun einen Text. Sie hören den Text <u>einmal</u>. Dazu lösen Sie fünf Aufgaben. Wählen Sie bei jeder Aufgabe die richtige Lösung a , b oder c .
Lesen Sie jetzt die Aufgaben 11 bis 15. Dazu haben Sie 60 Sekunden Zeit.**

Sie nehmen an einem Rundgang durch das neue Bildungs- und Kulturzentrum Mitte teil.

11 Im Gebäude kann man heute schon …
   a Kurse besuchen.
   b Bücher ausleihen.
   c Filme sehen.

12 Wenn man in der Bibliothek lesen will, …
   a muss man zehn Euro im Jahr bezahlen.
   b kann man das auch an Feiertagen.
   c braucht man keine Kundenkarte.

13 Was hat sich an der VHS verändert?
   a Die Kunden kommen schneller an die Reihe.
   b Es gibt doppelt so viel Räume für Sprachkurse.
   c Früher gab es weniger Kurse.

14 Früher waren die Kunden unzufrieden, …
   a weil man sich nicht duschen konnte.
   b weil die Kunsträume oft schmutzig waren.
   c weil die Gymnastikräume zu klein und zu dunkel waren.

15 Im dritten Stock …
   a gibt es eine Cafeteria.
   b wartet die Leiterin der VHS auf die Besucher.
   c hat die Chefin der VHS ihr Büro.

 Teil 3

Sie hören nun ein Gespräch. Sie hören das Gespräch <u>einmal</u>. Dazu lösen Sie sieben Aufgaben. Wählen Sie: Sind die Aussagen Richtig oder Falsch ?

Lesen Sie jetzt die Aufgaben 16 bis 22. Dazu haben Sie 60 Sekunden Zeit.

Sie warten gerade auf die S-Bahn und hören, wie sich ein Mann und eine Frau über Beziehungen unterhalten.

16 Laura und Michael leben nicht mehr zusammen. Richtig Falsch

17 Beide hatten Streit mit ihren Kindern. Richtig Falsch

18 Thomas hat seit kurzer Zeit eine Freundin. Richtig Falsch

19 Thomas und seine Freundin finden ihre Jobs langweilig. Richtig Falsch

20 Die Freundin von Thomas will umziehen. Richtig Falsch

21 Anna ist mit ihrer Beziehung sehr zufrieden. Richtig Falsch

22 Anna ist seit zehn Jahren verheiratet. Richtig Falsch

Teil 4

Sie hören nun eine Diskussion im Radio. Sie hören die Diskussion <u>zweimal</u>. Dazu lösen Sie acht Aufgaben. Ordnen Sie die Aussagen zu: <u>Wer sagt was?</u>
Lesen Sie jetzt die Aussagen 23 bis 30. Dazu haben Sie 60 Sekunden Zeit.

Die Moderatorin Anke Ludewig diskutiert mit Martin Schmidt, freiberuflicher Übersetzer, und Eva Kern, Stressberaterin, über das Thema Stress.

	Moderatorin	Martin Schmidt	Eva Kern
Beispiel 0 Die moderne Technik hat das Stressproblem nicht gelöst.	[a̶]	[b]	[c]
23 Privater Stress ist auch gefährlich.	[a]	[b]	[c]
24 Wenn man selbstständig arbeitet, werden die Probleme nicht weniger.	[a]	[b]	[c]
25 Die moderne Technik hat positive und negative Seiten.	[a]	[b]	[c]
26 Es ist wichtig, dass man manchmal nicht erreichbar ist.	[a]	[b]	[c]
27 Etwas gegen Stress zu tun, ist auch anstrengend.	[a]	[b]	[c]
28 Es gibt kaum Berufe ohne Stress.	[a]	[b]	[c]
29 Wichtig ist es, bei Problemen mit Kollegen zusammenzuarbeiten.	[a]	[b]	[c]
30 Joggen kann auch gegen Stress helfen.	[a]	[b]	[c]

Schreiben (ca. 60 Minuten)

Teil 1 (ca. 20 Minuten)

Robert hatte einen Unfall und liegt im Krankenhaus. Ein Freund / Eine Freundin, der/die Robert auch kennt, weiß das noch nicht. Sie möchten Robert gemeinsam besuchen. Schreiben Sie Ihrem Freund / Ihrer Freundin.

- Beschreiben Sie: Was ist passiert?
- Begründen Sie: Was sollte man ihm mitbringen? Warum?
- Machen Sie einen Vorschlag, wann Sie ihn besuchen wollen.

Schreiben Sie eine E-Mail (ca. 80 Wörter).
Schreiben Sie etwas zu allen drei Punkten.
Achten Sie auf den Text (Anrede, Einleitung, Reihenfolge der Inhaltspunkte, Schluss).

Teil 2 (ca. 25 Minuten)

Sie haben eine Fernsehsendung mit dem Titel „Die Zukunft des Buches" gesehen. Im Online-Gästebuch der Sendung finden Sie folgende Meinung:

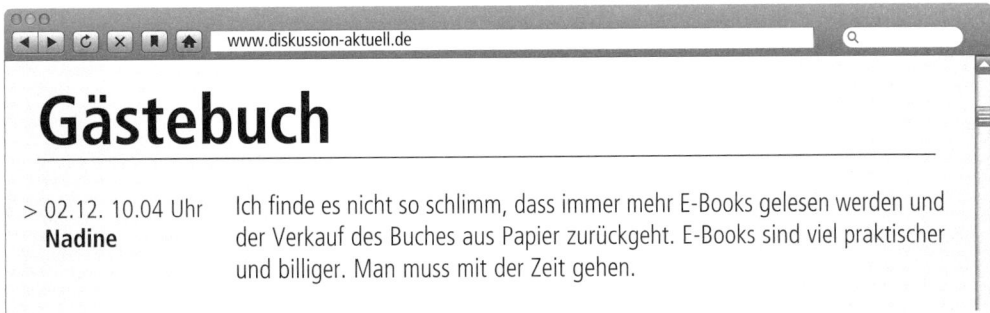

Schreiben Sie nun Ihre Meinung zum Thema (ca. 80 Wörter).

Teil 3 (ca. 15 Minuten)

Sie haben nächsten Mittwoch um 14 Uhr einen Kundentermin, können aber leider nicht kommen. Schreiben Sie dem Kunden, Herrn Gross, entschuldigen Sie sich, schreiben Sie, warum Sie nicht kommen können und schlagen Sie einen neuen Termin vor.

Schreiben Sie eine E-Mail (ca. 40 Wörter).
Vergessen Sie nicht die Anrede und den Gruß am Schluss.

Sprechen (ca. 15 Minuten)

Teil 1 Gemeinsam etwas planen (ca. 3 Minuten)

Ein Freund / Eine Freundin hat nächste Woche Geburtstag. Sie möchten eine kleine Feier vorbereiten. Planen Sie mit Ihrem Gesprächspartner / Ihrer Gesprächspartnerin dieses Fest. Überlegen Sie sich, was alles zu tun ist und wer welche Aufgaben übernimmt.

**Sprechen Sie über die Punkte unten, machen Sie Vorschläge und reagieren Sie auf die Vorschläge Ihres Gesprächspartners / Ihrer Gesprächspartnerin.
Planen und entscheiden Sie gemeinsam, was Sie tun möchten.**

Ein Fest planen und über ein Geschenk sprechen

- *Wann feiern?*
- *Wo?*
- *Geschenk?*
- *Wen alles einladen?*
- *…*

Einheit 1–5 | **10**

Teil 2

Ein Thema präsentieren

Thema 1

(ca. 3 Minuten)

Wählen Sie ein Thema (Thema 1 oder Thema 2) aus.

Sie sollen Ihren Zuhörern ein aktuelles Thema präsentieren. Dazu finden Sie hier fünf Folien. Folgen Sie den Anweisungen und schreiben Sie Ihre Notizen und Ideen daneben.

Anweisung	Folie	Notizen
Stellen Sie Ihr Thema vor. Erklären Sie den Inhalt und die Struktur Ihrer Präsentation.	*„Sprachen lernen ist immer gut."* **Sollen Kinder schon im Kindergarten eine Fremdsprache lernen?**	
Berichten Sie von Ihrer Situation oder einem Erlebnis im Zusammenhang mit diesem Thema.	Sollen Kinder schon im Kindergarten eine Fremdsprache lernen? **MEINE PERSÖNLICHEN ERFAHRUNGEN**	
Berichten Sie von der Situation in Ihrem Heimatland und geben Sie Beispiele.	Sollen Kinder schon im Kindergarten eine Fremdsprache lernen? **SPRACHENLERNEN IN MEINEM HEIMATLAND**	
Nennen Sie die Vor- und Nachteile und sagen Sie dazu Ihre Meinung. Geben Sie auch Beispiele.	Sollen Kinder schon im Kindergarten eine Fremdsprache lernen? **VOR- UND NACHTEILE & MEINE MEINUNG**	
Beenden Sie Ihre Präsentation und bedanken Sie sich bei den Zuhörern.	Sollen Kinder schon im Kindergarten eine Fremdsprache lernen? **ABSCHLUSS & DANK**	

© 2016 Cornelsen Verlag GmbH, Berlin. Alle Rechte vorbehalten.

Teil 2
Ein Thema präsentieren

Thema 2
(ca. 3 Minuten)

Sie sollen Ihren Zuhörern ein aktuelles Thema präsentieren. Dazu finden Sie hier fünf Folien. Folgen Sie den Anweisungen und schreiben Sie Ihre Notizen und Ideen daneben.

Stellen Sie Ihr Thema vor. Erklären Sie den Inhalt und die Struktur Ihrer Präsentation.

„Ich möchte endlich Autofahren!"
Sollte man schon mit 16 Jahren den Führerschein machen können?

Berichten Sie von Ihrer Situation oder einem Erlebnis im Zusammenhang mit diesem Thema.

Sollte man schon mit 16 Jahren den Führerschein machen können?
MEINE PERSÖNLICHEN ERFAHRUNGEN

Berichten Sie von der Situation in Ihrem Heimatland und geben Sie Beispiele.

Sollte man schon mit 16 Jahren den Führerschein machen können?
FÜHRERSCHEIN IN MEINEM HEIMATLAND

Nennen Sie die Vor- und Nachteile und sagen Sie dazu Ihre Meinung.
Geben Sie auch Beispiele.

Sollte man schon mit 16 Jahren den Führerschein machen können?
VOR- UND NACHTEILE & MEINE MEINUNG

Beenden Sie Ihre Präsentation und bedanken Sie sich bei den Zuhörern.

Sollte man schon mit 16 Jahren den Führerschein machen können?
ABSCHLUSS & DANK

Teil 3 **Über ein Thema sprechen**

Nach Ihrer Präsentation:

Reagieren Sie auf die Rückmeldung und auf Fragen der Prüfer/-innen und des Gesprächspartners / der Gesprächspartnerin.

Nach der Präsentation Ihres Partners / Ihrer Partnerin:

a) Geben Sie eine Rückmeldung zur Präsentation Ihres Partners / Ihrer Partnerin (z. B. wie Ihnen die Präsentation gefallen hat, was für Sie neu oder besonders interessant war usw.).

b) Stellen Sie auch eine Frage zur Präsentation Ihres Partners / Ihrer Partnerin.

Gesamttest
Einheit 6 – 10

Lesen (ca. 65 Minuten)

Teil 1 (ca. 10 Minuten)

**Lesen Sie den Text und die Aufgaben 1 bis 6 dazu.
Wählen Sie: Sind die Aussagen Richtig oder Falsch?**

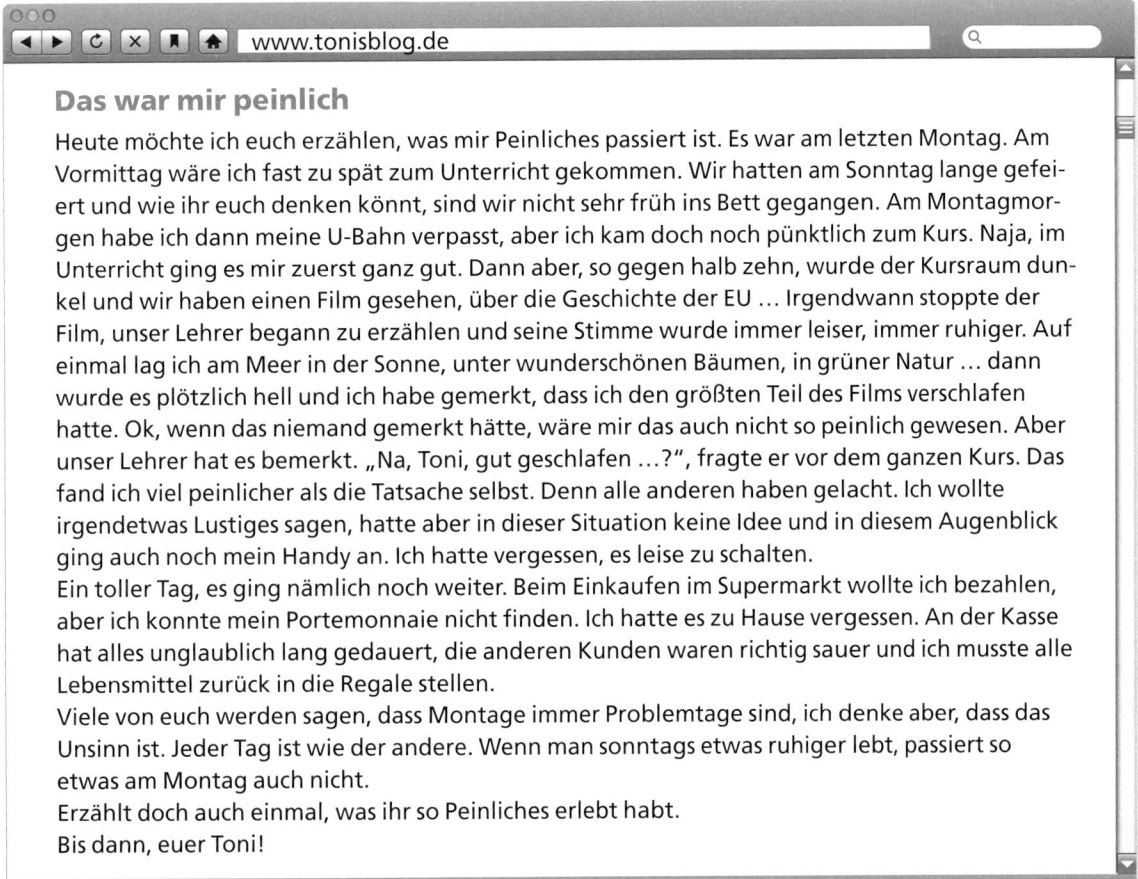

Das war mir peinlich

Heute möchte ich euch erzählen, was mir Peinliches passiert ist. Es war am letzten Montag. Am Vormittag wäre ich fast zu spät zum Unterricht gekommen. Wir hatten am Sonntag lange gefeiert und wie ihr euch denken könnt, sind wir nicht sehr früh ins Bett gegangen. Am Montagmorgen habe ich dann meine U-Bahn verpasst, aber ich kam doch noch pünktlich zum Kurs. Naja, im Unterricht ging es mir zuerst ganz gut. Dann aber, so gegen halb zehn, wurde der Kursraum dunkel und wir haben einen Film gesehen, über die Geschichte der EU … Irgendwann stoppte der Film, unser Lehrer begann zu erzählen und seine Stimme wurde immer leiser, immer ruhiger. Auf einmal lag ich am Meer in der Sonne, unter wunderschönen Bäumen, in grüner Natur … dann wurde es plötzlich hell und ich habe gemerkt, dass ich den größten Teil des Films verschlafen hatte. Ok, wenn das niemand gemerkt hätte, wäre mir das auch nicht so peinlich gewesen. Aber unser Lehrer hat es bemerkt. „Na, Toni, gut geschlafen …?", fragte er vor dem ganzen Kurs. Das fand ich viel peinlicher als die Tatsache selbst. Denn alle anderen haben gelacht. Ich wollte irgendetwas Lustiges sagen, hatte aber in dieser Situation keine Idee und in diesem Augenblick ging auch noch mein Handy an. Ich hatte vergessen, es leise zu schalten.
Ein toller Tag, es ging nämlich noch weiter. Beim Einkaufen im Supermarkt wollte ich bezahlen, aber ich konnte mein Portemonnaie nicht finden. Ich hatte es zu Hause vergessen. An der Kasse hat alles unglaublich lang gedauert, die anderen Kunden waren richtig sauer und ich musste alle Lebensmittel zurück in die Regale stellen.
Viele von euch werden sagen, dass Montage immer Problemtage sind, ich denke aber, dass das Unsinn ist. Jeder Tag ist wie der andere. Wenn man sonntags etwas ruhiger lebt, passiert so etwas am Montag auch nicht.
Erzählt doch auch einmal, was ihr so Peinliches erlebt habt.
Bis dann, euer Toni!

Gesamttest Einheit 6 – 10

noch Teil 1

Beispiel
0 Toni hat in der Nacht von Sonntag auf Montag wenig geschlafen. ~~Richtig~~   *Falsch*

1 Im Kurs wurde ein Naturfilm gezeigt. Richtig   *Falsch*

2 Als Toni wach wurde, war er sehr verunsichert. Richtig   *Falsch*

3 Im Unterricht sind Handys verboten. Richtig   *Falsch*

4 Er fand die Situation im Kurs nicht lustig. Richtig   *Falsch*

5 Toni hat Geld und Telefon zu Hause liegen lassen. Richtig   *Falsch*

6 Toni ist der Meinung, dass Montage ganz normale Tage sind. Richtig   *Falsch*

Teil 2 (ca. 20 Minuten)

Lesen Sie den Text aus der Presse und die Aufgaben 7 bis 9 dazu.
Wählen Sie bei jeder Aufgabe die richtige Lösung a, b oder c.

Oper auf Türkisch

Als ein „Opernhaus für alle" versteht sich die Komische Oper in Berlin. Mit verschiedenen Programmen will das kleinste der drei Berliner Opernhäuser deshalb jetzt jeden ansprechen, der normalerweise nicht so oft in die Oper geht – vor allem Kinder und Jugendliche und Menschen mit türkischem Migrationshintergrund. Um sie für das Musiktheater zu begeistern, wurde das Projekt „Komische Oper Jung" gegründet. Durch ein großes Angebot an Kinderopern und -konzerten, Schulbesuchen sowie vorbereitenden Workshops will man Kinder und Jugendliche für diese Kulturform begeistern. Die jungen Besucher können die Geschichten der Opern selbst spielen und tanzen. „Toll ist, dass wir hier auch bekannte Sänger und Musiker treffen können, die uns vieles zeigen", sagt Ayse, 16 Jahre alt.

Inzwischen kann die Komische Oper jährlich etwa 40 000 junge Menschen zu ihren Besuchern zählen. Viele dieser Kinder und Jugendlichen kommen aus Familien mit türkischem Migrationshintergrund, die schon sehr lange in Berlin leben. Damit noch mehr der in Berlin lebenden Deutschtürken das kulturelle Angebot der großen Theater nutzen, wendet sich die Komische Oper mit ihrem Programm auch direkt an deutsch-türkische Kinder und ihre Eltern. Unter dem Motto „Türkisch – Oper kann das" gibt es Workshops für deutsch-türkische Familien. Die Texte der Vorstellungen werden auch auf Türkisch übersetzt. Aber auch eine zweisprachige Kinderoper wurde inzwischen aufgeführt: Ali Baba und die 40 Räuber – auf einem großen fliegenden Teppich.

aus einer deutschen Zeitung

Beispiel
0 Die Komische Oper …
   a hat viele türkische Mitarbeiter.
   b will für alle Menschen offen sein. ✗
   c wurde von jungen Leuten gegründet.

7 Mit dem Projekt „Komische Oper Jung" versucht man …
   a junge Künstler zu fördern.
   b junge Leute für die Oper zu interessieren.
   c mehr junge Menschen zu Sängern und Tänzern auszubilden.

8 Die Deutschtürken in Berlin …
   a gehen noch zu wenig in die Oper.
   b können in Workshops ihre Sprachkenntnisse verbessern.
   c helfen bei Übersetzungen.

9 In diesem Text geht es um …
   a ein Projekt zum interkulturellen Austausch.
   b bekannte türkische Musiker.
   c die Geschichte der Oper.

noch Teil 2

**Lesen Sie den Text aus der Presse und die Aufgaben 10 bis 12 dazu.
Wählen Sie bei jeder Aufgabe die richtige Lösung a, b oder c.**

Was tun nach der Schule?

Immer mehr junge Leute wollen nach der Schule nicht sofort eine Berufsausbildung oder ein Studium beginnen, sondern zuerst einmal ein anderes Land kennenlernen. Viele Jugendliche haben aber kein Geld für längere Reisen, sodass sie ihren Auslandsaufenthalt mit Arbeit verbinden müssen. Hier sind die sogenannten Work-and-Travel-Programme beliebt, bei denen Arbeit und Ferien miteinander verbunden werden. Man fährt in das fremde Land und arbeitet dort für ein paar Wochen oder auch Monate, z. B. als Sprachlehrer an Schulen, als Küchenhilfe oder Kellner in Restaurants oder als Erntehelfer auf Bauernhöfen. Mit dem verdienten Geld kann man dann reisen und Land und Leute kennenlernen. Die beliebtesten Work-and-Travel-Ziele sind Australien, Neuseeland, Nord- und Südamerika sowie die skandinavischen Länder.

Beliebt vor allem bei jungen Frauen sind auch Au-Pair-Tätigkeiten, die meist zwischen sechs und zwölf Monaten dauern. Während dieser Zeit lebt man in einer Gastfamilie und kümmert sich in erster Linie um die Kinder. Auch muss man kleinere Hausarbeiten erledigen. Als Gegenleistung hat man freie Verpflegung, Unterkunft und Taschengeld. Man soll die Möglichkeit erhalten, die Sprache und Kultur des Gastlandes kennenzulernen. Deshalb bezahlen die Gastfamilien einen Teil der Sprachkurse. Die beliebtesten Gastländer sind die USA, England, Frankreich und Spanien.

aus einer österreichischen Zeitung

10 In diesem Text geht es um …
   a Jobs in anderen Ländern.
   b freiwillige Arbeit nach der Schule.
   c Wünsche von Jugendlichen nach der Schule.

11 In den Work-and-Travel-Programmen …
   a hat man wenig Freizeit.
   b kann man selbstständig Erfahrungen sammeln.
   c kann man gut verdienen.

12 Die Au-Pair-Tätigkeit unterscheidet sich von den Work-and-Travel-Programmen …
   a durch die bessere Bezahlung.
   b durch finanzielle Hilfe bei Sprachkursen.
   c durch weniger Arbeit.

Gesamttest Einheit 6 – 10

Teil 3 (ca. 10 Minuten)

Lesen Sie die Situationen 13 bis 19 und die Anzeigen a bis j aus verschiedenen deutschsprachigen Medien. Wählen Sie: Welche Anzeige passt zu welcher Situation? Sie können jede Anzeige nur einmal verwenden. Die Anzeige aus dem Beispiel können Sie nicht mehr verwenden. Für eine Situation gibt es keine passende Anzeige. In diesem Fall schreiben Sie 0.

Ihre Bekannten haben verschiedene Hobbys. Sie suchen etwas, um ihre Hobbys auszuüben.

Beispiel

0 Lena liebt es, Leute zum Essen einzuladen und sie mit
    Speisen aus anderen Ländern zu versorgen.   Anzeige: *i*

13 Peter interessiert sich für Musik und möchte ein Instrument spielen lernen.   Anzeige: ......

14 Susanne spielt sehr gut Gitarre und sucht Leute, mit denen
    sie Musik machen kann.   Anzeige: ......

15 Nadine möchte am Wochenende tanzen gehen.   Anzeige: ......

16 Ilona ist Hobbyköchin und überrascht ihre Gäste gern mit
    selbstgemachten Gerichten aus anderen Ländern.   Anzeige: ......

17 Rainers Vater geht nächstes Jahr in Rente. Rainer sucht ein neues Hobby für ihn. Anzeige: ......

18 Martins Hobby ist soziales Engagement. Vor allen Dingen interessiert
    er sich für die Umwelt.   Anzeige: ......

19 Thomas liebt Theater. Am liebsten mag er Straßentheater aus allen Ländern. Anzeige: ......

a Internationales Nachbarschaftsfest

großes Straßenfest mit Bühnenprogramm – traditionelle Musik- und Theatergruppen – köstliche Speisen aus aller Welt – Flohmarkt und Nachbarschaftstreff
Freitag 21.6. ab 14 Uhr Konstablerwache
Organisation: Kulturverein Bunte Stadt

b SO KOCHT EUROPA

Eine kulinarische Reise durch die Länder Europas. 100 Originalrezepte mit vielen Illustrationen. Alle Rezepte von internationalen Köchen ausgewählt und getestet. Nur 4,99 €.
Bestellungen an: info@so-kocht-europa.de

43

noch **Teil 3**

c Freude am Musizieren?

Der Gitarrenladen – Ihr Musikfachgeschäft, spezialisiert auf E-Gitarren, Akustikgitarren, Westerngitarren, Klassikgitarren und Zubehör. Bei uns können Sie alle Instrumente ausprobieren. Wir beraten Sie auch, wenn Sie neue Noten oder Tabs brauchen.

Wir verkaufen nur Gitarren aus zertifizierten Hölzern – **der Umwelt zuliebe.**

d Bäume sind unser Leben

Bäume schützen – für Mensch, Natur und Klima. Nehmen Sie an unserem Aktionstag teil und pflanzen Sie einen Baum für die Zukunft. Treffen am Samstag, 10 Uhr U-Bahnhof Ostbahnhof, Linie U6, U7 – im Frankfurter Garten.

e *Gitarre zum Kennenlernen*

Unsere Kurse richten sich speziell an Anfängerinnen und Anfänger. Auch wenn Sie keine Noten lesen können, werden Sie bei uns schnell Erfolgserlebnisse haben. In unseren Aufbaukursen finden Sie vielleicht auch Leute, mit denen sie dann in einer kleinen Band gemeinsam spielen und eventuell auch auftreten können.
Info: 0151-23 566 777

f Tag der offenen Tür im Mehrgenerationenhaus Mitte

Treffpunkt verschiedener sozialer Zentren, Informationen zum Zusammenleben aller Generationen. Allgemeiner Erfahrungsaustausch. Sprechen Sie mit Erziehern, Sozialarbeitern, Ärzten und Pflegern.
Infos unter **www.sozialer-tag/meine-stadt.de**

g

CLUBNÄCHTE am Wochenende mit DJ Jaime. Jeden ersten Samstag im Monat TANZPARTY, jeden zweiten Samstag SALSADISCO.

Weitere Infos zu unseren Veranstaltungen:
www.clubnächte.com

h

Sie fühlen sich schon etwas älter, aber immer noch jung? Dann sind Sie genau richtig in der Computerschule für Senioren. Wir erklären Ihnen, wie Sie mit dem Computer arbeiten können. Lernen Sie E-Mails zu schreiben und online einzukaufen. Vielleicht haben Sie ja auch Lust, mit dem Computer Musik zu machen.

Info: 0611-455555

i Restaurant Bosporus

Türkische Spezialitäten, hausgemachte Fleisch- und Gemüsegerichte, Mittagsmenü nur 6 Euro. Samstags-Buffet für 12 Euro. Alle Gerichte auch zum Mitnehmen. Lieferung ab einem Bestellwert von 20 Euro. Täglich von 12 bis 20 Uhr geöffnet.

j *Tanzseminar – online tanzen lernen*

Auf unserer Seite können Sie jederzeit tanzen lernen.

Wir zeigen Ihnen den klassischen Gesellschaftstanz, Standard & lateinamerikanische Tänze, Salsa, Tango, Disoc-Fox, aber auch Breakdance und Hip Hop.

Einfach mitmachen!
www.tanzen-macht-spaß.com

Teil 4 (ca. 15 Minuten)

Lesen Sie die Texte 20 bis 26. Wählen Sie: Ist die Person <u>für einen autofreien Sonntag</u>?

In einer Zeitschrift lesen Sie Kommentare zu einem Vorschlag, autofreie Tage einzuführen.

Beispiel 0 Michael	Ja	~~Nein~~	20 Susanne	Ja	Nein	24 Thomas	Ja	Nein
			21 Marlies	Ja	Nein	25 Anne	Ja	Nein
			22 Bastian	Ja	Nein	26 Rosi	Ja	Nein
			23 Peter	Ja	Nein			

Leserbriefe

Beispiel In Deutschland gab es 1973 zum ersten Mal autofreie Sonntage. Damals gab es eine Öl-Krise. Das ist jetzt fast 50 Jahre her. Die Tatsache, dass es autofreie Sonntage bis heute nicht oder nur sehr selten gibt, zeigt doch, dass das nichts gebracht hat.
Michael, 62, Herborn

20 Ich denke schon, dass die Akzeptanz für autofreie Tage hoch wäre. Ich kann mir aber nur schwer vorstellen, wie man das durchsetzen kann. Das müsste die Politik entscheiden, die Politiker wollen aber Wahlen gewinnen und viele Wähler sind Autofahrer. Dafür müsste man etwas Mut haben. Einen Tag keinen Verkehrslärm, keine Umweltverschmutzung, das würde ich gut finden.
Susanne, 35, Leipzig.

21 Man versucht ja schon, autofreie Tage abzuhalten. Immer am 22. September gibt es den autofreien Tag, einen Aktionstag in der EU und viele Städte machen mit. Aber was soll denn ein einziger Tag pro Jahr? Ich bin nicht dagegen, so etwas zu machen. Genauso wichtig ist es aber, so oft wie möglich auf das Auto zu verzichten und sich Alternativen zu überlegen.
Marlies, 30, Offenbach

22 In meiner Stadt gibt es immer wieder mal einen autofreien Tag in der Innenstadt. Der ist dann sonntags, alles ja ganz nett, aber was ist der Effekt? Sicher, es macht Spaß, mal auf den Straßen zu laufen oder überall Rad fahren zu können, dann gibt es Musik, viele Bühnen, Essen und Trinken. Nicht, dass mir das nicht gefällt, aber mit dem Ziel, etwas für die Umwelt zu tun, hat das nichts mehr zu tun, es ist einfach nur Kommerz. Tut mir leid, das bringt gar nichts.
Bastian, 30, Hannover

23 Fast jeder hat doch ein Auto. Überzeugen ist wichtiger als Verbote. Und ein autofreier Tag wäre doch ein Verbot. Mit Bußgeldern, wenn man trotzdem fährt. Auf das Auto verzichten, ja, aber bitte nur freiwillig.
Peter, 42, Gießen

24 Jeder autofreie Tag ist gut für Mensch, Tier und Umwelt. Jeder Tag ohne Verkehrsunfälle ist ein Gewinn. Und wer jetzt Angst hat, dann nicht mehr mobil zu sein, den kann ich beruhigen: In allen Konzepten für autofreie Tage ist ja aufgenommen, dass die öffentlichen Verkehrsmittel hiervon ausgenommen sind. Natürlich ist man in seiner persönlichen Mobilität etwas eingeschränkt, aber die Vorteile überwiegen die Nachteile.
Thomas, 25, Köln

25 Es ist heute populär, über die Luftverschmutzung durch Autos zu schimpfen. Aber was würde ein Fahrverbot ökonomisch bedeuten? Viele Tankstellen haben heute schon Probleme zu überleben, sie hätten dann keinen Umsatz. Und man würde zu spät zur Arbeit kommen. In Städten könnten Busse und Bahnen das eventuell auffangen, aber auf dem Land? Das ist doch alles überhaupt nicht durchdacht.
Anne, 33, Wiesbaden

26 Wir sprechen über Umweltschutz, weniger CO_2-Ausstoß, weniger Benzinverbrauch. Wenn das wirklich ernst gemeint ist, weshalb wird dann so wenig für die Entwicklung und Förderung der Elektroautos getan? Das wäre eine viel bessere Möglichkeit. Ich habe mir doch kein Auto gekauft, um nicht fahren zu dürfen.
Rosi, 19, Darmstadt

Gesamttest Einheit 6 – 10

Teil 5 (ca. 10 Minuten)

Lesen Sie die Aufgabe 27 bis 30 und den Text dazu.
Wählen Sie bei jeder Aufgabe die richtige Lösung a , b oder c .

Sie informieren sich über die Hausordnung im Erlebnisbad „Wellenspaß".

27 Die Schwimmgäste ...
   a können so lange schwimmen, wie sie wollen.
   b dürfen nur drei Stunden schwimmen.
   c müssen pro Stunde fünf Euro bezahlen.

28 An zwei Vormittagen in der Woche ...
   a ist das Schwimmbad geschlossen.
   b können Kinder schwimmen lernen.
   c ist das Schwimmbad nur für Schulklassen reserviert.

29 Das Außenschwimmbad ...
   a ist bei den Nachbarn nicht beliebt.
   b ist nicht immer geöffnet.
   c wird täglich saubergemacht.

30 Wertvolle Sachen ...
   a werden oft gestohlen.
   b kann man gegen eine Gebühr von zehn Euro versichern.
   c sollte man abgeben.

Erlebnisbad Wellenspaß – Hausordnung

Bei uns finden Sie eine Kombination aus Hallenbad und Außenbecken. In unserem Erlebnisbad finden Sie ein großes Schwimmbecken mit 1- und 3-Metersprungbrett, zwei weitere kleinere Becken, ein Kinderbecken mit Rutsche, eine Sauna und Whirlpools.

Öffnungszeiten und Eintrittspreise

Unser Schwimmbad hat für Sie täglich von 8 bis 22 Uhr geöffnet. Für Erwachsene beträgt der Eintritt 5,00 Euro. 30 % Ermäßigung gibt es für Senioren und Studenten, Kinder von 6 bis 14 Jahren zahlen 3,00 Euro. Für Kinder unter 6 Jahren ist der Eintritt frei. Die Benutzungszeit beträgt drei Stunden. Sie dürfen natürlich auch länger bleiben, müssen dann aber am Ausgang die Gebühren für die zusätzliche Badezeit nachzahlen.

Dienstags und donnerstags findet im Schwimmbad von 08:00 Uhr bis ca. 13:00 Uhr Schulschwimmunterricht statt. In dieser Zeit stehen den anderen Badegästen im Hauptschwimmbecken nur vier Schwimmbahnen zur Verfügung.

Um die Bewohner der umliegenden Häuser nicht zu stören, ist der Außenbereich des Schwimmbads täglich zwischen 12 und 13 Uhr geschlossen und öffnet sonntags erst ab 14 Uhr. Montagvormittags wird das Schwimmbad gereinigt. Wir öffnen dann erst um 13 Uhr.

Persönliche Sachen

Für Ihre persönlichen Gegenstände stehen Schränke zur Verfügung. Für die Aufbewahrung Ihres Besitzes übernimmt das Erlebnisbad keine Garantie. Wertgegenstände können an der Kasse abgegeben werden. Wenn Sie den Schrankschlüssel verlieren, müssen wir eine Gebühr von zehn Euro erheben.

Allgemein gilt: Bitte befolgen Sie immer die Anweisungen des Bademeisters.

Hören (ca. 40 Minuten)

Teil 1

**Sie hören nun fünf kurze Texte. Sie hören jeden Text zweimal. Zu jedem Text lösen Sie zwei Aufgaben. Wählen Sie bei jeder Aufgabe die richtige Lösung.
Lesen Sie zuerst das Beispiel. Dazu haben Sie 10 Sekunden Zeit.**

Beispiel

01 Das Museum ist heute geschlossen.   Richtig   ~~Falsch~~

02 Wenn man an einer Führung teilnehmen möchte, …
- a muss man einen Museumsführer kaufen.
- b̶ sollte man sich vorher anmelden.
- c sollte man Fremdsprachen sprechen.

Text 1

1 Herr Krause meldet einen Diebstahl bei der Polizei.   Richtig   Falsch

2 Herr Krause …
- a kommt morgen früher zum Termin.
- b will Herrn Stein noch einmal anrufen.
- c hat sein Handy im Zug verloren.

Text 2

3 Sie hören das Ende eines Gesprächs.   Richtig   Falsch

4 Die Ausstellung …
- a beginnt morgen.
- b fängt am 1. September an.
- c findet im Kulturbüro statt.

Text 3

5 Das Fest der Kulturen gibt es schon länger.   Richtig   Falsch

6 Auf dem Fest …
- a kann man auch Sachen kaufen und verkaufen.
- b kann man einen Tanzkurs machen.
- c spielen mehr als 80 Gruppen Theater.

Text 4

7 Das Wetter wird nächste Woche schlechter.   Richtig   Falsch

8 Was wird vorausgesagt?
- a Viel Sonne.
- b Sehr viel Regen.
- c Sinkende Temperaturen.

Text 5

9 Sie hören Informationen für Reisende.   Richtig   Falsch

10 Der Zug nach Warschau …
- a fährt heute eine halbe Stunde später.
- b hält nicht in Frankfurt/Oder.
- c fällt heute aus.

Gesamttest   Einheit 6 – 10

 Teil 2

**Sie hören nun einen Text. Sie hören den Text <u>einmal</u>. Dazu lösen Sie fünf Aufgaben. Wählen Sie bei jeder Aufgabe die richtige Lösung a, b oder c.
Lesen Sie jetzt die Aufgaben 11 bis 15. Dazu haben Sie 60 Sekunden Zeit.**

Sie nehmen an einem Museumsgang in Leipzig teil und stehen vor dem Grassi-Museum.

11 Der Name des Museums geht zurück …
   a auf einen bekannten Künstler.
   b auf den Namen einer Bank.
   c auf einen reichen Bewohner der Stadt.

12 Die Museen im Grassimuseum …
   a haben verschiedene Öffnungszeiten.
   b haben ein gemeinsames Café.
   c kosten keinen Eintritt.

13 Sonntags …
   a hat das Museum nur zwei Stunden geöffnet.
   b gibt es alle vier Wochen eine Führung.
   c gibt es nachmittags einen Markt.

14 Im Museum für Musikinstrumente …
   a kann man selbst Musik machen.
   b ist Fotografieren verboten.
   c gibt es einen interessanten Infostand.

15 Was empfiehlt der Stadtführer den Touristen?
   a Eine Busfahrt.
   b Eine Fahrradtour.
   c Den Besuch weiterer Museen.

 Teil 3

**Sie hören nun ein Gespräch. Sie hören das Gespräch <u>einmal</u>. Dazu lösen Sie sieben Aufgaben. Wählen Sie: Sind die Aussagen Richtig oder *Falsch* ?
Lesen Sie jetzt die Aufgaben 16 bis 22. Dazu haben Sie 60 Sekunden Zeit.**

Sie sind in einem Café und hören, wie sich ein Mann und eine Frau übers Wohnen unterhalten.

16 Maria arbeitet als Altenpflegerin.	Richtig	Falsch
17 Die Mieter müssen nicht an der Hausversammlung teilnehmen.	Richtig	Falsch
18 Im Haus helfen sich Alt und Jung.	Richtig	Falsch
19 Im Vergleich zu ihrer alten Wohnung gibt es in dem neuen Haus weniger Konflikte.	Richtig	Falsch
20 Thomas ist von der Idee, in einem Mehrgenerationenhaus zu wohnen, begeistert.	Richtig	Falsch
21 Thomas möchte nicht mehr mit anderen Leuten zusammenwohnen.	Richtig	Falsch
22 Thomas trifft sich oft mit einem Freund auf dem Land.	Richtig	Falsch

Teil 4

Sie hören nun eine Diskussion im Radio. Sie hören die Diskussion zweimal. Dazu lösen Sie acht Aufgaben. Ordnen Sie die Aussagen zu: Wer sagt was?
Lesen Sie jetzt die Aussagen 23 bis 30. Dazu haben Sie 60 Sekunden Zeit.

Die Moderatorin Rebecca Schmidt diskutiert mit Herrn Werner und Frau Lohmann von der Umweltinitiative Nord zum Thema „Sollte man Plastiktüten verbieten?"

	Moderatorin	Herr Werner	Frau Lohmann
Beispiel			
0 Oft werden Plastiktüten nicht mehr umsonst abgegeben.	☒ a	b	c
23 Die Menschen haben zu wenig Einfluss auf die Politik.	a	b	c
24 Es ist sehr wichtig, über das Thema zu sprechen.	a	b	c
25 Plastiktüten sollten mehr Geld kosten.	a	b	c
26 Teurere Plastiktüten werden das Problem nicht lösen.	a	b	c
27 Ein größeres Problem als die Tüten ist der Müll.	a	b	c
28 Immer wieder geht es ums Geld.	a	b	c
29 Die Verbraucher haben ihr Verhalten schon verändert.	a	b	c
30 Es ist gar nicht so wichtig, welche Tüte man verwendet, sondern wie oft.	a	b	c

Schreiben (ca. 60 Minuten)

Teil 1 (ca. 20 Minuten)

Sie möchten mit einem Freund / einer Freundin im Ausland Urlaub machen.

- Beschreiben Sie: Wohin möchten Sie fahren?
- Begründen Sie: Warum möchten Sie dorthin fahren?
- Machen Sie einen Vorschlag, wann Sie sich treffen könnten, um darüber zu sprechen.

Schreiben Sie eine E-Mail (ca. 80 Wörter).
Schreiben Sie etwas zu allen drei Punkten.
Achten Sie auf den Text (Anrede, Einleitung, Reihenfolge der Inhaltspunkte, Schluss).

Teil 2 (ca. 25 Minuten)

Sie haben eine Fernsehsendung mit dem Titel „Altersheime – nein, danke!" gesehen. Im Online-Gästebuch der Sendung finden Sie folgende Meinung:

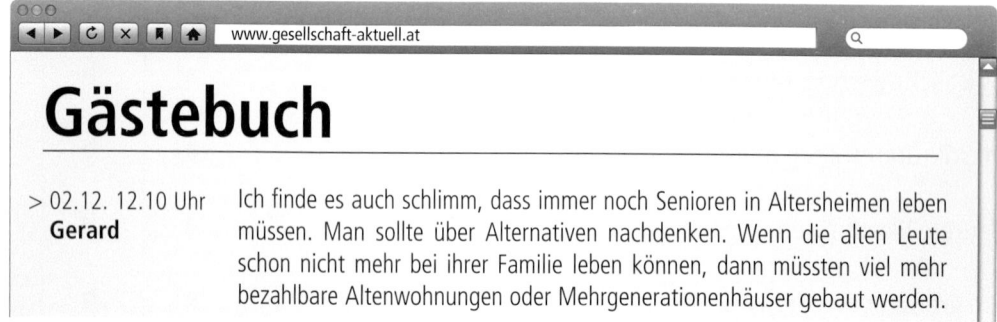

Schreiben Sie nun Ihre Meinung zum Thema (ca. 80 Wörter).

Teil 3 (ca. 15 Minuten)

Sie möchten eine Städtereise durch Deutschland machen.
*Schreiben Sie an die Fremdenverkehrszentrale **www.tourismus.de**, scheiben Sie, welche Städte Sie besuchen möchten und bitten Sie um Informationen und Angebote.*

Schreiben Sie eine E-Mail (ca. 40 Wörter).
Vergessen Sie nicht die Anrede und den Gruß am Schluss.

Sprechen (ca. 15 Minuten)

Teil 1 Gemeinsam etwas planen (ca. 3 Minuten)

Ein guter Freund von Ihnen will nächsten Monat in sein Heimatland zurückkehren. Sie wollen ihn vor seinem Umzug mit einem schönen Essen überraschen. Planen Sie mit Ihrem Gesprächspartner / Ihrer Gesprächspartnerin dieses Essen. Überlegen Sie sich, was alles zu tun ist und wer welche Aufgaben übernimmt.

**Sprechen Sie über die Punkte unten, machen Sie Vorschläge und reagieren Sie auf die Vorschläge Ihres Gesprächspartners / Ihrer Gesprächspartnerin.
Planen und entscheiden Sie gemeinsam, was Sie tun möchten.**

Ein Essen planen und über eine Überraschung nachdenken

- *Wann und wo feiern?*
- *Was kochen (essen, trinken)?*
- *Überraschung?*
- *Wen alles einladen?*
- ...

Teil 2   **Thema 1**

Ein Thema präsentieren   (ca. 3 Minuten)

Wählen Sie ein Thema (Thema 1 oder Thema 2) aus.

Sie sollen Ihren Zuhörern ein aktuelles Thema präsentieren. Dazu finden Sie hier fünf Folien. Folgen Sie den Anweisungen und schreiben Sie Ihre Notizen und Ideen daneben.

Anweisung	Folie	Notizen
Stellen Sie Ihr Thema vor. Erklären Sie den Inhalt und die Struktur Ihrer Präsentation.	„Offene Grenzen finde ich wichtig!" **Wie wichtig ist Europa?**	
Berichten Sie von Ihrer Situation oder einem Erlebnis im Zusammenhang mit diesem Thema.	Wie wichtig ist Europa? **MEINE PERSÖNLICHEN ERFAHRUNGEN**	
Berichten Sie von der Situation in Ihrem Heimatland und geben Sie Beispiele.	Wie wichtig ist Europa? **EUROPA UND MEIN HEIMATLAND**	
Nennen Sie die Vor- und Nachteile und sagen Sie dazu Ihre Meinung. Geben Sie auch Beispiele.	Wie wichtig ist Europa? **VOR- UND NACHTEILE DER EU & MEINE MEINUNG**	
Beenden Sie Ihre Präsentation und bedanken Sie sich bei den Zuhörern.	Wie wichtig ist Europa? **ABSCHLUSS & DANK**	

Teil 2 Thema 2

Ein Thema präsentieren (ca. 3 Minuten)

Sie sollen Ihren Zuhörern ein aktuelles Thema präsentieren. Dazu finden Sie hier fünf Folien. Folgen Sie den Anweisungen und schreiben Sie Ihre Notizen und Ideen daneben.

Stellen Sie Ihr Thema vor. Erklären Sie den Inhalt und die Struktur Ihrer Präsentation.

„Öffentliche Verkehrsmittel sind zu teuer!"
Sollte die Benutzung öffentlicher Verkehrsmittel kostenlos sein?

Berichten Sie von Ihrer Situation oder einem Erlebnis im Zusammenhang mit diesem Thema.

Sollte die Benutzung öffentlicher Verkehrsmittel kostenlos sein?
MEINE PERSÖNLICHEN ERFAHRUNGEN

Berichten Sie von der Situation in Ihrem Heimatland und geben Sie Beispiele.

Sollte die Benutzung öffentlicher Verkehrsmittel kostenlos sein?
ÖFFENTLICHE VERKEHRSMITTEL IN MEINEM HEIMATLAND

Nennen Sie die Vor- und Nachteile und sagen Sie dazu Ihre Meinung.
Geben Sie auch Beispiele.

Sollte die Benutzung öffentlicher Verkehrsmittel kostenlos sein?
VOR- UND NACHTEILE & MEINE MEINUNG

Beenden Sie Ihre Präsentation und bedanken Sie sich bei den Zuhörern.

Sollte die Benutzung öffentlicher Verkehrsmittel kostenlos sein?
ABSCHLUSS & DANK

Teil 3 Über ein Thema sprechen

Nach Ihrer Präsentation:

Reagieren Sie auf die Rückmeldung und auf Fragen der Prüfer/-innen und des Gesprächspartners / der Gesprächspartnerin.

Nach der Präsentation Ihres Partners / Ihrer Partnerin:

a) Geben Sie eine Rückmeldung zur Präsentation Ihres Partners / Ihrer Partnerin (z. B. wie Ihnen die Präsentation gefallen hat, was für Sie neu oder besonders interessant war usw.).

b) Stellen Sie auch eine Frage zur Präsentation Ihres Partners / Ihrer Partnerin.

Modelltest
Goethe-Zertifikat B1

Lesen (ca. 45 Minuten)

Teil 1 (ca. 10 Minuten)

**Lesen Sie den Text und die Aufgaben 1 bis 6 dazu.
Wählen Sie: Sind die Aussagen Richtig oder Falsch ?**

Hallo,
ich möchte euch gern etwas über mein Auslandssemester in Lyon berichten. Ich habe schon lange mit dem Gedanken gespielt, einmal ein Semester im Ausland zu studieren, aber irgendwie hat mir bis jetzt der Mut gefehlt. Wenn überhaupt, dann wollte ich nur nach England, da ich sehr gut Englisch spreche.
Aber dann habe ich über das Erasmus-Auslandsstudienprogramm einen Platz in Frankreich gefunden. Ich war schon oft in Frankreich. Außer Paris, dem Mittelmeer und Toulouse, wo ich letzten Sommer zum ersten Mal war, habe ich bisher allerdings noch nichts gesehen. Jetzt bin ich in Lyon. Mit der Sprache geht es zum Glück besser, als ich vorher gedacht habe. Ich mache große Fortschritte. Eine Sprache lernt sich im fremden Land wirklich viel einfacher und schneller. Je länger ich hier bin, desto besser funktioniert die Kommunikation.
Zuerst musste ich eine Wohnung finden. Das war gar nicht so einfach. Ich hatte keine Lust auf ein Zimmer in einem Studentenheim, da hätte ich sofort etwas bekommen können. Ich habe mir dann die Anzeigen, die an der Uni hingen, angesehen und ich hatte Glück. Ich habe eine Wohngemeinschaft gefunden und wohne zusammen mit zwei französischen Studentinnen in einer sehr schönen, hellen Wohnung. Im Moment ist noch die Schwester einer meiner Mitbewohnerinnen zu Besuch. Es ist also ein bisschen voll bei uns, aber dafür wird es nie langweilig.
Lyon ist toll! Es gibt so viel zu sehen, für wenig Geld kann man Theater- und Tanzveranstaltungen besuchen. Und wenn man auf dem Flohmarkt am Ufer der Rhône spazieren geht, hat man das Gefühl, man wäre am Mittelmeer.
Zur Uni kann ich noch nicht so viel sagen. Das Semester hat gerade angefangen, aber die Vorlesungen könnten etwas interessanter sein. Ich bin aber froh, dass ich alles ganz gut verstehe und auch viel Hilfe bekomme. Mal abwarten. Auf jeden Fall habe ich schon viele nette Leute kennengelernt.
Es ist eine tolle Chance, wenn man an diesem Programm teilnehmen kann, so viel kann ich jetzt schon sagen. Schaut mal im Internet nach und gebt einfach als Suchbegriff *Erasmus* ein.

Eure Sarah

noch **Teil 1**

Beispiel
0 Sarah hatte Angst, nach Frankreich zu fahren.   Richtig   ~~Falsch~~

1 Sarah ist zum ersten Mal in Lyon.   Richtig   Falsch

2 Sarah ist mit ihren Sprachkenntnissen nicht zufrieden.   Richtig   Falsch

3 Vom Studentenheim ist sie in eine Wohnung gezogen.   Richtig   Falsch

4 Sarah gefällt nicht, dass in ihrer Wohnung so viele Leute wohnen.   Richtig   Falsch

5 Sarah findet Lyon nicht langweilig.   Richtig   Falsch

6 Sarah empfiehlt, sich über das Erasmus-Programm zu informieren.   Richtig   Falsch

Modelltest   Goethe-Zertifikat B1

Teil 2 (ca. 20 Minuten)

Lesen Sie den Text aus der Presse und die Aufgaben 7 bis 9 dazu.
Wählen Sie bei jeder Aufgabe die richtige Lösung a, b oder c.

Lange Nacht der Museen

Am Samstag, den 1. Oktober, gibt es wieder einmal in vielen Städten Österreichs die „ORF*-Lange Nacht der Museen". Sie wird seit dem Jahr 2000 veranstaltet und wurde zu einem großen Erfolg – mehr als fünf Millionen Menschen wurden bis heute gezählt.

Alle, die sich für Kultur und Kunst interessieren, können an über 700 Orten in ganz Österreich Kunst erleben, Ausstellungen besuchen, an Veranstaltungen teilnehmen und vieles mehr.

Mit Ihrem Ticket, das Sie in allen der teilnehmenden Museen bekommen, auch im Vorverkauf, können Sie dann zwischen 18.00 und 01.00 Uhr alle Museen besuchen.

Außerdem können Sie damit die öffentlichen Verkehrsmittel benutzen. An vielen Orten gibt es Sonderbusse, die Sie zu den Veranstaltungsorten bringen. In Wien halten diese Busse an den Haltestellen der U-Bahn, sodass Sie gut weiterkommen. Diese Busse sind kostenlos.

Da Erfahrungen gezeigt haben, dass es sehr viele Besucher geben wird, bringen Sie Zeit mit, um Ihre Eintrittskarte zu kaufen. Oder holen Sie Ihr Ticket schon im Vorverkauf, der vier Wochen vor der Veranstaltung beginnt.

* ORF = Österreichischer Rundfunk

aus einer österreichischen Zeitung

Beispiel

0 Die „Lange Nacht der Museen" ist ...
   - [x] a sehr beliebt.
   - [ ] b der Name eines Radioprogramms.
   - [ ] c eine teure Veranstaltung.

7 In diesem Text geht es um ...
   - a neue Kunst aus Österreich.
   - b ein Angebot für Kunstliebhaber.
   - c das Nachtleben in Österreich.

8 In der „Langen Nacht der Museen" ...
   - a sollte man das Auto zu Hause lassen.
   - b sind die U- und S-Bahnen kostenlos.
   - c werden an vielen Stellen Eintrittskarten verkauft.

9 Tickets für die „Lange Nacht der Museen" ...
   - a sollte man abends kaufen.
   - b gibt es in einem Monat.
   - c kann man stressfrei im September besorgen.

noch Teil 2

Lesen Sie den Text aus der Presse und die Aufgaben 10 bis 12 dazu.
Wählen Sie bei jeder Aufgabe die richtige Lösung a, b oder c.

Hat Deutsch als Wissenschaftssprache eine Zukunft?

Hat Deutsch als Sprache der Wissenschaft noch eine Zukunft, wenn sich an deutschen Hochschulen immer mehr das Englische durchsetzt und immer öfter Vorträge und Vorlesungen an deutschen Hochschulen auf Englisch gehalten werden?

Natürlich ist ein weltweiter Austausch in einer gemeinsamen Sprache sinnvoll. Allerdings sind viele Dozenten oft nicht sicher genug in der englischen Sprache, die Qualität des Unterrichts kann darunter leiden. Nur selten kann ein deutscher Muttersprachler einen Gegenstand so genau auf Englisch beschreiben wie im Deutschen. Eine solche Fähigkeit ist aber in der Wissenschaft, wo es um die Beschreibung komplexer Zusammenhänge geht, wichtig.

Sicher kann es für ausländische Studierende leichter sein, an einer deutschen Uni einen Abschluss zu machen, wenn als gemeinsame Sprache Englisch gesprochen wird. Zu einem internationalen Austausch gehört aber auch, die fremde Kultur kennenzulernen. Und dazu braucht man die Sprache. Durch Sprache erfährt man etwas über die Mentalität und Denkweisen des jeweiligen Landes.

Verschiedene deutsche Organisationen fordern deshalb Mehrsprachigkeit in der Wissenschaft. Dabei geht es nicht um einen Konkurrenzkampf zwischen der deutschen und der englischen Sprache. Ziel ist eine internationale Gemeinschaft, die für den internationalen Austausch Englisch spricht, aber auch in ihrer jeweiligen Muttersprache Wissenschaft betreibt.

aus einer deutschen Zeitung

10 Englisch als Unterrichtssprache kann zur Folge haben, dass …
a nur noch englische Muttersprachler unterrichtet werden.
b der Unterricht schlechter wird.
c Studenten Probleme haben, den Unterricht zu verstehen.

11 Wird an den Universitäten nur noch Englisch gesprochen, kann es dazu führen, dass …
a ausländische Studenten weniger von der deutschen Kultur erfahren.
b dass die Abschlüsse weniger wert sind.
c dass es keinen internationalen Austausch mehr gibt.

12 In diesem Text geht es um …
a Sprachunterricht an Universitäten.
b Maßnahmen zur Förderung der deutschen Sprache.
c die Gleichberechtigung mehrerer Sprachen.

Teil 3 (ca. 10 Minuten)

Lesen Sie die Situationen 13 bis 19 und die Anzeigen a bis j aus verschiedenen deutschsprachigen Medien. Wählen Sie: Welche Anzeige passt zu welcher Situation? Sie können jede Anzeige nur einmal verwenden. Die Anzeige aus dem Beispiel können Sie nicht mehr verwenden. Für eine Situation gibt es keine passende Anzeige. In diesem Fall schreiben Sie 0.

Nach dem Ende des Deutschkurses suchen einige Ihrer Kollegen und Kolleginnen eine Arbeit.

Beispiel
0 Ludwig sucht eine Teilzeitstelle als Fahrer.   Anzeige: c

13 Beata sucht eine Arbeit als Köchin. Da sie tagsüber aber einen Intensivkurs Deutsch B2 besucht, kann sie nur abends oder samstags und sonntags arbeiten.   Anzeige: ....

14 Juan sucht eine Ausbildungsstelle als Koch.   Anzeige: ....

15 Pavel sucht eine Tätigkeit im Büro, möchte aber nicht den ganzen Tag am Schreibtisch sitzen.   Anzeige: ....

16 Ilona ist Bürokauffrau und hat bisher bei einer Hausverwaltung gearbeitet. Sie macht nicht gern Kundenbesuche.   Anzeige: ....

17 Susanne möchte sich als Übersetzerin selbstständig machen, ist aber nicht sicher, ob das das Richtige für sie ist.   Anzeige: ....

18 Tom kommt aus den USA und möchte mit seinen Sprachkenntnissen Geld verdienen. Er sucht aber keine feste Stelle.   Anzeige: ....

19 Tamara ist von Beruf Kellnerin. Sie sucht für Juli und August einen Job.   Anzeige: ....

---

a
Für die Sommermonate suchen wie Urlaubsvertretungen. Ihr Aufgabengebiet umfasst alle klassischen Serviceaufgaben des Restaurantbetriebs.

Berufserfahrung erforderlich.
Gaststätte Zum Adler
Mecklenburgische Straße 19
10713 Berlin

b
ZUR UNTERSTÜTZUNG UNSERES TEAMS

suchen wir eine Servicemitarbeiterin / einen Servicemitarbeiter in unserer Pension. Aufgaben: Mithilfe beim Frühstücks-, Mittags- und Abendservice. Gute Arbeitsbedingungen. Nach Probezeit Festanstellung möglich.

www.pension-lula.at

noch Teil 3

c Selbstständig arbeiten von zu Hause

Wir sind ein in über 20 Ländern arbeitendes Übersetzungsbüro und suchen freie Mitarbeiter. Unsere Muttersprachler übersetzen in über 25 Sprachen. (Dokumente, Korrespondenz, Werbetexte) Weiter gesucht: Sprachtrainer für Englisch und Französisch.
(Büro, Tourismus, Industrie)
www.sprachenservice-englisch.de

d Wer kann mir helfen?

Ich möchte mich als Taxifahrer selbstständig machen und hätte gern Kontakt zu Leuten, die das bereits versucht haben.
Worauf muss man achten?
Was braucht man alles?
Bitte eine kurze Info.

e Aushilfen gesucht

Lieferservice lecker.com versorgt seine Kunden zuverlässig mit Speisen und Getränken bei allen Gelegenheiten. Zur Unterstützung unseres Fuhrpark-Teams suchen wir zum nächstmöglichen Termin eine/n Mitarbeiter/in mit Führerschein. Ortskenntnisse im Raum Frankfurt / Rhein-Main-Gebiet sind notwendig.

f Arbeiten Sie gern selbstständig?

Sind Sie gern unterwegs? Arbeiten Sie gern mit Kunden? Wir suchen für unsere Zweigstelle in Bonn engagierte Mitarbeiter (m/w).
Ihre Aufgaben: Kundenverwaltung und Kundenbetreuung vor allem im Außendienst.
Kenntnisse in Word und Excel erwünscht.
Bewerbung bitte an:
Import-Export GmbH
Borsigallee 12
53125 Bonn

g

Endlich sein eigener Chef sein?
Beratung und Begleitung für Menschen, die eine eigene Firma gründen wollen.
Wir geben Ihnen Hilfestellung und helfen Ihnen auf dem Weg zum eigenen Betrieb.
BBAG e.V.,
Schulstrasse 8b,
14482 Potsdam

h Restaurant Bologna- deutsche und italienische Küche

sucht sofort Koch/Köchin mit abgeschlossener Berufsausbildung. Ihre Aufgaben: Vor- und Zubereitung warmer und kalter Gerichte, Zusammenstellung der Speisekarte, Kenntnis in der Einhaltung der Lebensmittelgesetze und der Vorschriften der Hygieneverordnung, Arbeitszeiten täglich, montags geschlossen.
Bewerbung unter: www.bolognia-resto.de

i Für eine Münchener Immobilienverwaltung suchen wir ab sofort: **Sekretär/in (Büro/Verwaltung)** für alle Sekretariatsarbeiten (Korrespondenz, Telebanking, Gebührenberechnungen, Buchhaltung etc.) in Festanstellung.
Sie haben eine abgeschlossene kaufmännische Berufsausbildung und Büropraxis und sehr gute EDV-Kenntnisse (Windows, Excel, Internet, E-Mail, Telebanking). www.jobgesucht.de

j Bei Gianni – Deutsche und italienische Küche

Wir suchen ab sofort
Koch/Köchin und Küchenhilfe
zur Unterstützung unseres Teams am Wochenende. Gute Bezahlung. Zuschriften an:
Das Inserat unter Off. YX 2399

Teil 4 (ca. 15 Minuten)

Lesen Sie die Texte 20 bis 26. Wählen Sie: Ist die Person für die Einführung einer Wahlpflicht?

In einer Zeitschrift lesen Sie Kommentare zu einem Vorschlag, autofreie Tage einzuführen.

Beispiel			20 Anna	Ja	Nein	24 Thomas	Ja	Nein
0 Jonathan	Ja	~~Nein~~	21 Saskia	Ja	Nein	25 Lucy	Ja	Nein
			22 Martin	Ja	Nein	26 Oliver	Ja	Nein
			23 Ilona	Ja	Nein			

Leserbriefe

Beispiel In Deutschland gibt es keine Wahlpflicht und das ist auch gut so. Trotz der niedrigen Wahlbeteiligung bin ich gegen die Wahlpflicht. Wenn ich entscheiden darf, wen ich wähle, will ich auch entscheiden dürfen, ob ich überhaupt wählen gehe. Das ist Freiheit.
Jonathan, 35, Würzburg

20 Im Artikel macht sich der Kommentator Sorgen darüber, dass immer weniger Leute zu den Wahlen gehen. Eine Lösung wäre die Wahlpflicht. Ich war eigentlich immer dagegen, inzwischen finde ich aber, dass man schon mal darüber nachdenken kann, wie unsere Demokratie wieder zu neuem Leben kommt. Weshalb also nicht mit einer solchen Maßnahme?
Anna, 30, Köln

21 Wenn viele Leute nicht wählen gehen, heißt das nicht unbedingt, dass sie sich nicht für Politik interessieren, sondern dass sie sich nicht mehr von den Parteien vertreten fühlen. Aber wenn sie zu den Wahlen gehen müssten, gäbe es eine ganz andere Gefahr. Viele würden dann aus Protest extrem wählen, Parteien, die gegen die Demokratie sind. Also Vorsicht mit solchen Maßnahmen.
Saskia, 42, Wesel

22 Es stimmt, dass gegen die niedrige Wahlbeteiligung etwas getan werden muss. Ich finde aber, es gibt viele gute Alternativen zu einer Wahlpflicht. Wenn die Politiker wollen, dass mehr Leute wählen gehen, könnten sie das Wählen einfacher machen. Man könnte die Möglichkeit bekommen, online von zu Hause zu wählen.
Martin, 18, Winterthur

23 Ich denke, es ist keine schlechte Idee. Ich kann mir aber nicht vorstellen, dass es funktioniert. Wenn es eine Pflicht gibt, dann muss man auch überlegen, was passiert, wenn man nicht wählen geht. Soll es dann Strafen geben? Und wie hoch sollen die sein? Maßnahmen, die nicht praktizierbar sind, sollte man lieber lassen.
Ilona, 32, Wuppertal

24 Als Beispiel wird immer Belgien genannt, wo es eine Wahlpflicht gibt und damit eine Wahlbeteiligung von über 90 Prozent. Die Wahlpflicht wurde dort aber nicht eingeführt, um die Bürger zu etwas zu zwingen, sondern zusammen mit der Einführung des Wahlrechts im 19. Jahrhundert, damit alle Arbeiter aus den Fabriken auch wählen gehen konnten und sie nicht am Wahltag gezwungen wurden zu arbeiten. Eine historisch ganz andere Situation. Man kann also Belgien nicht mit Deutschland vergleichen. Das ist Unsinn.
Thomas, 42, Krefeld

25 Für mich hat jeder Bürger die Pflicht, unsere Demokratie zu schützen. Warum also nicht auch eine Wahlpflicht? Gegner der Wahlpflicht sagen immer, dass man auch die Möglichkeit haben muss, nicht zu wählen. Dann kann man doch eine ungültige Stimme abgeben, einen leeren Wahlzettel.
Lucy, 30, Bingen

26 Wenn es eine Wahlpflicht gäbe, wäre man auch gezwungen, sich mit Politik zu beschäftigen. Man müsste sich die Programme der Parteien anschauen, das wäre gut für das politische Bewusstsein. Wenn man nicht wählt, ist das schädlicher für die Demokratie als wenn man zur Wahl verpflichtet wird. Man muss sich nur an eine solche Pflicht gewöhnen.
Oliver, 35, Berlin

Teil 5 (ca. 10 Minuten)

**Lesen Sie die Aufgabe 27 bis 30 und den Text dazu.
Wählen Sie bei jeder Aufgabe die richtige Lösung a, b oder c.**

Sie informieren sich über die Regeln auf dem Campingplatz „Waldeslust".

27 Für den Campingplatz gilt:
- a Nachts ist der Campingplatz geschlossen.
- b Nach 22 Uhr dürfen Besucher nur ohne Auto kommen.
- c Man darf seinen Platz zum Campen nicht frei wählen.

28 Grillen darf man nur …
- a nach Absprache mit den anderen Gästen.
- b wenn man eine Erlaubnis von der Direktion hat.
- c wenn man vorher eine Versicherung abgeschlossen hat.

29 Nachts …
- a ist duschen verboten.
- b darf man keine laute Musik hören.
- c muss man sein Auto auf dem Campingplatz stehen lassen.

30 Auf dem Campingplatz …
- a muss der Müll getrennt werden.
- b dürfen Hunde keinen Schmutz machen.
- c darf man Haustiere nicht waschen.

CAMPINGPLATZ-ORDNUNG

Anmeldung Wenn Sie bei uns Urlaub machen wollen, müssen Sie sich bei der Rezeption anmelden. Dort bekommen Sie von uns Ihren Platz und einen Campingausweis. Ihr Fahrzeug können Sie in den vorgeschriebenen Parkzonen abstellen, nach 22 Uhr aber nur auf dem Parkplatz vor dem Campingplatz.

Sie können natürlich Besuch empfangen. Besucher müssen sich aber ebenfalls anmelden und den Platz bis 22 Uhr wieder verlassen.

Grillen und Feuer Gegrillt werden darf zwischen 11 und 22 Uhr, klären Sie vorher, dass andere Gäste hierdurch nicht gestört werden. Die Campingplatzleitung kann im Zusammenhang mit Feuergefahr ein Grillverbot aussprechen (z. B. in heißen Sommern). Für Schäden, die durch Ihr Grillen an Personen oder Sachen entstehen, müssen wir Sie verantwortlich machen.

Nachtruhe Von 23.00 Uhr – 7.00 Uhr ist Nachtruhe. In dieser Zeit müssen Lärm, laute Gespräche, Musik und alles was die Nachtruhe der anderen Gäste stören könnte, auf ein Mindestmaß reduziert werden. Insbesondere dürfen in dieser Zeit keine Kraftfahrzeuge auf dem Gelände des Campingplatzes benutzt werden. Warmes Wasser steht in den sanitären Anlagen nur bis 23 Uhr zur Verfügung.

Sonstiges Haustiere sind erlaubt, Hunde sind an der Leine zu halten und müssen außerhalb des Campingplatzes ausgeführt werden. Verschmutzungen auf dem Campingplatz durch Haustiere müssen vom Besitzer sofort entfernt werden.

Modelltest Goethe-Zertifikat B1

Hören (ca. 40 Minuten)

Teil 1
20–25

Sie hören nun fünf kurze Texte. Sie hören jeden Text <u>zweimal</u>. Zu jedem Text lösen Sie zwei Aufgaben. Wählen Sie bei jeder Aufgabe die richtige Lösung.
Lesen Sie zuerst das Beispiel. Dazu haben Sie 10 Sekunden Zeit.

Beispiel
01 Im Supermarkt ist heute alles billiger. | Richtig | ~~Falsch~~

02 Im Supermarkt gibt es jetzt auch …
[x] a Mangos.
[ ] b Spargel.
[ ] c Chinakohl.

Text 1
1 In Süddeutschland wird das Wetter besser. | Richtig | Falsch

2 Am Wochenende wird es …
a viel regnen.
b sehr windig.
c wärmer.

Text 2
3 Sie hören Informationen für Urlauber. | Richtig | Falsch

4 Herr Urban …
a kann sich nicht bewegen.
b ist Tourist.
c braucht Hilfe.

Text 3
5 Eltern bekommen Tipps zur Kindererziehung. | Richtig | Falsch

6 Im Möbelhaus …
a gibt es günstige Möbel für Kinderzimmer.
b können Kinder auch Filme sehen.
c kann man auch Spiele kaufen.

Text 4
7 Der Termin für die Party wird verschoben. | Richtig | Falsch

8 Claudia hat …
a am Montag ein wichtiges Gespräch.
b keine Lust, etwas für die Party vorzubereiten.
c wichtige Telefonnummern verloren.

Text 5
9 Sie hören Verkehrshinweise. | Richtig | Falsch

10 Auf der Autobahn A7 gibt es Stau wegen …
a Gegenständen auf der Straße.
b einer Baustelle.
c eines Unfalls.

Teil 2

**Sie hören nun einen Text. Sie hören den Text einmal. Dazu lösen Sie fünf Aufgaben. Wählen Sie bei jeder Aufgabe die richtige Lösung a , b oder c .
Lesen Sie jetzt die Aufgaben 11 bis 15. Dazu haben Sie 60 Sekunden Zeit.**

Sie nehmen an einer Schifffahrt auf dem Main teil.

11 Was können die Touristen am Anfang der Rundfahrt sehen?
  a Die Brücken von Frankfurt.
  b Hochhäuser und Museen.
  c Alte Häuser aus dem 19. Jahrhundert.

12 Die neue Europäische Zentralbank ...
  a wurde vor fünf Jahren gebaut.
  b hat zwei hohe Gebäude.
  c befindet sich mitten in einem Ausgehviertel.

13 Die Touristen können die Fahrt unterbrechen, ...
  a um in einem Restaurant etwas zu konsumieren.
  b um Bücher von Goethe zu kaufen.
  c um einen Ausflug zu machen.

14 Die Rundfahrt endet ...
  a um 16 Uhr.
  b ungefähr um 16.30 Uhr.
  c am Abend.

15 Am Ende der Schifffahrt können die Touristen ...
  a eine Stadtrundfahrt mit dem Bus machen.
  b Bücher über Frankfurt kaufen.
  c einen Platz für eine Stadtrundfahrt reservieren.

Teil 3

**Sie hören nun ein Gespräch. Sie hören das Gespräch einmal. Dazu lösen Sie sieben Aufgaben. Wählen Sie: Sind die Aussagen Richtig oder Falsch ?
Lesen Sie jetzt die Aufgaben 16 bis 22. Dazu haben Sie 60 Sekunden Zeit.**

Sie sitzen im Bus und hören, wie sich ein Mann und eine Frau über ihre Berufe unterhalten.

16 Susanne lebt jetzt im Ausland. Richtig Falsch

17 Die Arbeit im Büro hat ihr nicht gefallen. Richtig Falsch

18 Susanne war von Autos immer schon begeistert. Richtig Falsch

19 Susanne findet es schade, dass sie nicht ins Ausland fahren kann. Richtig Falsch

20 Susanne hat oft Stress mit ihrem Chef. Richtig Falsch

21 Susannes Firma hat feste Öffnungszeiten. Richtig Falsch

22 Viele Männer wundern sich, wieso eine Frau in diesem Beruf arbeiten will. Richtig Falsch

Teil 4

**Sie hören nun eine Diskussion im Radio. Sie hören die Diskussion zweimal. Dazu lösen Sie acht Aufgaben. Ordnen Sie die Aussagen zu: Wer sagt was?
Lesen Sie jetzt die Aussagen 23 bis 30. Dazu haben Sie 60 Sekunden Zeit.**

Die Moderatorin Anne Wahl diskutiert mit Peter Schneider vom Einzelhandelsverband und Helen Wirth, Gewerkschaftsvertreterin, zum Thema Ladenöffnungszeiten: „Sollen sonntags Geschäfte und Läden normal öffnen dürfen?"

		Moderatorin	Peter Schneider	Helen Wirth
Beispiel 0	Die Ladenöffnungsgesetze werden von den Bundesländern geregelt.	☒ a	b	c
23	Die Anzahl der verkaufsoffenen Sonntage ist nicht überall gleich.	a	b	c
24	In Deutschland gibt es zu viele Gesetze.	a	b	c
25	Als Verbraucher sieht man das Problem oft nicht.	a	b	c
26	Wenn wir nicht aufpassen, müssen wir bald alle sonntags arbeiten.	a	b	c
27	Ohne Ladenöffnungsgesetz würde es mehr freie Stellen geben.	a	b	c
28	Man braucht einen freien Sonntag, um sich vom alltäglichen Arbeitsstress zu erholen.	a	b	c
29	Verkaufsoffene Sonntage sind gut gegen die Konkurrenz aus dem Internet.	a	b	c
30	Manchmal sind die Geschäfte spät abends auch leer.	a	b	c

Schreiben (ca. 60 Minuten)

Teil 1 (ca. 20 Minuten)

Sie möchten mit Ihrem Freund / Ihrer Freundin am Wochenende ein Konzert besuchen.

- Beschreiben Sie: Auf welches Konzert möchten Sie gehen?
- Begründen Sie: Warum möchten Sie dorthin gehen?
- Machen Sie einen Vorschlag, wann Sie sich treffen könnten, um darüber zu sprechen.

Schreiben Sie eine E-Mail (ca. 80 Wörter).
Schreiben Sie etwas zu allen drei Punkten.
Achten Sie auf den Text (Anrede, Einleitung, Reihenfolge der Inhaltspunkte, Schluss).

Teil 2 (ca. 25 Minuten)

Sie haben eine Fernsehsendung mit dem Titel „Kostenloses Internet für alle?" gesehen. Im Online-Gästebuch der Sendung finden Sie folgende Meinung:

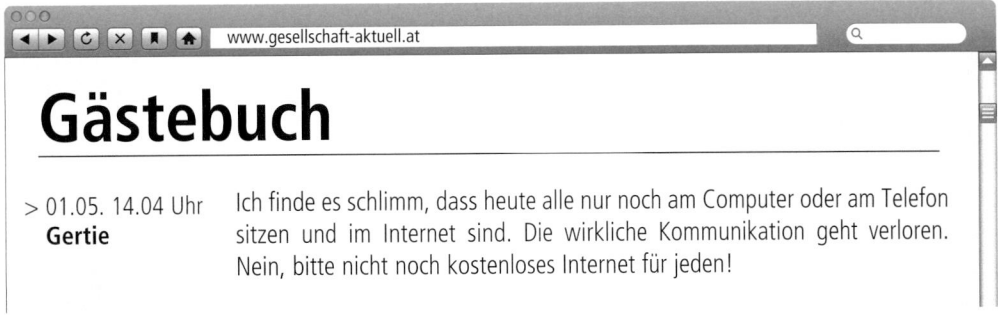

Schreiben Sie nun Ihre Meinung zum Thema (ca. 80 Wörter).

Teil 3 (ca. 15 Minuten)

Sie arbeiten freitags normalerweise bis 17 Uhr. Nächsten Freitag bekommen Sie aber wichtigen Besuch und möchten gerne schon um 12 Uhr nach Hause gehen.
Schreiben Sie an Ihren Chef, Herrn Leitner, und bitten Sie darum, früher gehen zu können und schreiben Sie warum.

Schreiben Sie eine E-Mail (ca. 40 Wörter).
Vergessen Sie nicht die Anrede und den Gruß am Schluss.

Modelltest Goethe-Zertifikat B1

Sprechen (ca. 15 Minuten)

Teil 1 Gemeinsam etwas planen (ca. 3 Minuten)

Sie möchten am Wochenende zu zweit eine kleine Reise machen. Planen Sie mit Ihrem Gesprächspartner / Ihrer Gesprächspartnerin diese Reise. Überlegen Sie sich, was alles zu tun ist und wer welche Aufgabe übernimmt.

**Sprechen Sie über die Punkte unten, machen Sie Vorschläge und reagieren Sie auf die Vorschläge Ihres Gesprächspartners / Ihrer Gesprächspartnerin.
Planen und entscheiden Sie gemeinsam, was Sie tun möchten.**

Eine kleine Reise planen und organisieren

- Wann und wie lange?
- Wohin?
- Was kann man dort machen?
- Welche(s) Verkehrsmittel benutzen wir?
- ...

Teil 2

Ein Thema präsentieren

Thema 1 (ca. 3 Minuten)

Wählen Sie ein Thema (Thema 1 oder Thema 2) aus.

Sie sollen Ihren Zuhörern ein aktuelles Thema präsentieren. Dazu finden Sie hier fünf Folien. Folgen Sie den Anweisungen und schreiben Sie Ihre Notizen und Ideen daneben.

Anweisung	Folie
Stellen Sie Ihr Thema vor. Erklären Sie den Inhalt und die Struktur Ihrer Präsentation.	*„Auf mein Steak möchte ich nicht verzichten!"* **Was ist eigentlich gesunde Ernährung?**
Berichten Sie von Ihrer Situation oder einem Erlebnis im Zusammenhang mit diesem Thema.	Was ist eigentlich gesunde Ernährung? **MEINE PERSÖNLICHEN ERFAHRUNGEN**
Berichten Sie von der Situation in Ihrem Heimatland und geben Sie Beispiele.	Was ist eigentlich gesunde Ernährung? **FLEISCHKONSUM IN MEINEM HEIMATLAND**
Nennen Sie die Vor- und Nachteile und sagen Sie dazu Ihre Meinung. Geben Sie auch Beispiele.	Was ist eigentlich gesunde Ernährung? **VOR- UND NACHTEILE VEGETARISCHER ERNÄHRUNG & MEINE MEINUNG**
Beenden Sie Ihre Präsentation und bedanken Sie sich bei den Zuhörern.	Was ist eigentlich gesunde Ernährung? **ABSCHLUSS & DANK**

Modelltest   Goethe-Zertifikat B1

Teil 2 Thema 2

Ein Thema präsentieren (ca. 3 Minuten)

Sie sollen Ihren Zuhörern ein aktuelles Thema präsentieren. Dazu finden Sie hier fünf Folien. Folgen Sie den Anweisungen und schreiben Sie Ihre Notizen und Ideen daneben.

Stellen Sie Ihr Thema vor. Erklären Sie den Inhalt und die Struktur Ihrer Präsentation	*„Auf dem Land ist das Leben besser!"* **Lebt man besser auf dem Land?**	....
Berichten Sie von Ihrer Situation oder einem Erlebnis im Zusammenhang mit diesem Thema.	Lebt man besser auf dem Land? **MEINE PERSÖNLICHEN ERFAHRUNGEN**	....
Berichten Sie von der Situation in Ihrem Heimatland und geben Sie Beispiele.	Lebt man besser auf dem Land? **LEBEN AUF DEM LAND UND IN DER STADT IN MEINEM HEIMATLAND**	....
Nennen Sie die Vor- und Nachteile und sagen Sie dazu Ihre Meinung. Geben Sie auch Beispiele.	Lebt man besser auf dem Land? **VOR- UND NACHTEILE & MEINE MEINUNG**	....
Beenden Sie Ihre Präsentation und bedanken Sie sich bei den Zuhörern.	Lebt man besser auf dem Land? **ABSCHLUSS & DANK**	....

Teil 3 Über ein Thema sprechen

Nach Ihrer Präsentation:

Reagieren Sie auf die Rückmeldung und auf Fragen der Prüfer/-innen und des Gesprächspartners / der Gesprächspartnerin.

Nach der Präsentation Ihres Partners / Ihrer Partnerin:

a) Geben Sie eine Rückmeldung zur Präsentation Ihres Partners / Ihrer Partnerin (z. B. wie Ihnen die Präsentation gefallen hat, was für Sie neu oder besonders interessant war usw.).

b) Stellen Sie auch eine Frage zur Präsentation Ihres Partners / Ihrer Partnerin.

Antwortbogen Schriftliche Prüfung

Name _____ Kurs _____ Datum _____

Lesen

Teil 1

	Richtig	Falsch
1	☐	☐
2	☐	☐
3	☐	☐
4	☐	☐
5	☐	☐
6	☐	☐

Teil 2

	a	b	c
7	☐	☐	☐
8	☐	☐	☐
9	☐	☐	☐
10	☐	☐	☐
11	☐	☐	☐
12	☐	☐	☐

Teil 3

	a	b	c	d	e	f	g	h	i	j	0
13	☐	☐	☐	☐	☐	☐	☐	☐	☐	☐	☐
14	☐	☐	☐	☐	☐	☐	☐	☐	☐	☐	☐
15	☐	☐	☐	☐	☐	☐	☐	☐	☐	☐	☐
16	☐	☐	☐	☐	☐	☐	☐	☐	☐	☐	☐
17	☐	☐	☐	☐	☐	☐	☐	☐	☐	☐	☐
18	☐	☐	☐	☐	☐	☐	☐	☐	☐	☐	☐
19	☐	☐	☐	☐	☐	☐	☐	☐	☐	☐	☐

Teil 4

	Ja	Nein
20	☐	☐
21	☐	☐
22	☐	☐
23	☐	☐
24	☐	☐
25	☐	☐
26	☐	☐

Teil 5

	a	b	c
27	☐	☐	☐
28	☐	☐	☐
29	☐	☐	☐
30	☐	☐	☐

Punkte Teile 1 bis 5 **30**

Gesamtergebnis (nach Umrechnung) **100**

Hören

Teil 1

	Richtig	Falsch		a	b	c
1	☐	☐				
2				☐	☐	☐
3	☐	☐				
4				☐	☐	☐
5	☐	☐				
6				☐	☐	☐

	Richtig	Falsch		a	b	c
7	☐	☐				
8				☐	☐	☐
9	☐	☐				
10				☐	☐	☐

Teil 2

	a	b	c
11	☐	☐	☐
12	☐	☐	☐
13	☐	☐	☐
14	☐	☐	☐
15	☐	☐	☐

Teil 3

	Richtig	Falsch
17	☐	☐
18	☐	☐
19	☐	☐
20	☐	☐
21	☐	☐
22	☐	☐

Teil 4

	a	b	c
23	☐	☐	☐
24	☐	☐	☐
25	☐	☐	☐
26	☐	☐	☐
27	☐	☐	☐
28	☐	☐	☐
29	☐	☐	☐
30	☐	☐	☐

Punkte Teile 1 bis 4: **30**

Gesamtergebnis (nach Umrechnung): **100**

Schreiben

Teil 1

Teil 2

Teil 3

Gesamtergebnis: **100**

Testbeschreibung und Bewertung

Das vorliegende Testheft bietet den Lehrenden zusätzliches Material, um den Lernfortschritt ihrer Kursteilnehmerinnen und Kursteilnehmern objektiv zu messen und zu beurteilen. Mit Hilfe der Tests können die Lernenden erkennen, was sie bereits beherrschen, in welchen Sprachbereichen ihre Stärken aber auch ihre Schwächen liegen. Die Tests orientieren sich am Lehrwerk **studio [21] B1** und folgen dessen Lernstoff und Themen.

Testbeschreibung

Tests zu den Einheiten

In den Tests zu den einzelnen Einheiten wird der Lernstoff der jeweiligen Einheit zusammenfassend überprüft. Die Tests enthalten Aufgaben zum Leseverstehen, Wortschatz, Schreiben und zu grammatischen Strukturen. Im Bereich Lesekompetenz wird globales und selektives Textverstehen überprüft, wozu natürlich auch Kenntnisse in Lexik, Morphologie und Syntax notwendig sind.

Gesamttests

Die Gesamttests fassen den Lernstoff von jeweils fünf Einheiten (jeweils ein Teilband) zusammen und enthalten Aufgaben zum Lese- und Hörverstehen, Schreiben und Sprechen, wobei alle bisher geübten rezeptiven und produktiven Fertigkeiten überprüft werden. Die Testformate entsprechen der Aufgabentypologie der Prüfung *Goethe-Zertifikat B1*.

Modelltest

Der Modelltest dient zur direkten Prüfungsvorbereitung und -simulation. Die Lernenden erhalten hier die Möglichkeit ihre Sprachkenntnisse unter Prüfungsbedingungen (Zeit, Aufgabenformate, Sprachniveau) zu testen und einzuschätzen, ob sie die Prüfung *Goethe-Zertifikat B1* bestehen können. Der Modelltest besteht aus einer schriftlichen Einzelprüfung mit den Teilen *Lesen*, *Hören* und *Schreiben* sowie einer mündlichen Partnerprüfung.

Durchführung und Bewertung

Die einheitsbezogenen Tests können von den Lernenden auch allein durchgeführt werden, da Punktangaben und Lösungen eine selbstständige Evaluation erlauben.

Für die Durchführung der Tests empfehlen wir, die folgenden Zeiten vorzusehen:
einheitsbezogene Tests   30 Minuten
Gesamttests/Modelltest   180 Minuten

Durchführung der mündlichen Prüfung

Der Teil *Sprechen* wird in der Regel in einer Paarprüfung mit zwei Teilnehmenden und zwei Prüfenden abgelegt. In Ausnahmefällen, z. B. bei ungeraden Teilnehmerzahlen, wird der Teil *Sprechen* als Einzelprüfung durchgeführt.
In Teil 1 sollen die Lernenden mit Hilfe von vier Leitpunkten gemeinsam etwas planen und aushandeln. Im 2. Teil tragen die Teilnehmenden eine Präsentation zu fünf vorgegebenen Folien vor. In Teil 3 geben die Teilnehmenden einander Feedback zur Präsentation bzw. reagieren darauf und stellen einander Fragen bzw. reagieren darauf.

Bewertung

Es kann maximal die folgende Gesamtpunktzahl erreicht werden:
einheitsbezogene Tests   40
Gesamttests/Modelltest   400 Punkte (100 Punkte pro Prüfungsteil)

Das Ergebnis ist folgendermaßen zu interpretieren:

Sehr gut	100 %–90 %
Gut	89 %–80 %
Befriedigend	79 %–70 %
Ausreichend	69 %–60 %
Nicht bestanden	< 60 %

Punktevergabe Gesamttests/Modelltest

		Messpunkte	Bewertungspunkte
Lesen	Teil 1	6	20
	Teil 2	6	20
	Teil 3	7	23
	Teil 4	7	23
	Teil 5	4	14
Hören	Teil 1	10	33
	Teil 2	5	17
	Teil 3	7	23
	Teil 4	8	27
Schreiben	Teil 1		40
	Teil 2		40
	Teil 3		20
Sprechen	Teil 1		28
	Teil 2		40
	Teil 3		16
	Aussprache		16
Gesamt			**400**

Umrechungsskala Lesen und Hören

Messpunkte	Bewertungspunkte	Messpunkte	Bewertungspunkte
30	100	14	47
29	97	13	43
28	93	12	40
27	90	11	37
26	87	10	33
25	83	9	30
24	80	8	27
23	77	7	23
22	73	6	20
21	70	5	17
20	67	4	13
19	63	3	10
18	60	2	7
17	57	1	3
16	53	0	0
15	50		

Bewertungskriterien *Schreiben*

			A	B	C	D	E
AUFGABE 1	Erfüllung *	Inhalt, Umfang, Sprachfunktionen (z. B. jemanden einladen, Vorschlag machen …)	Alle 3 Sprachfunktionen inhaltlich und umfänglich angemessen behandelt	2 Sprachfunktionen angemessen **oder** 1 angemessen und 2 teilweise	1 Sprachfunktion angemessen und 1 teilweise **oder** alle teilweise	1 Sprachfunktion angemessen **oder** teilweise	Textumfang weniger als 50 % der geforderten Wortanzahl **oder** Thema verfehlt
		Textsorte	durchgängig umgesetzt	erkennbar	ansatzweise erkennbar	kaum erkennbar	
		Register/Soziokulturelle Angemessenheit	situations- und partneradäquat	noch weitgehend situations- und partneradäquat	ansatzweise situations- und partneradäquat	nicht mehr situations- und partneradäquat	
	Kohärenz	Textaufbau (z. B. Einleitung, Schluss …)	durchgängig und effektiv	überwiegend erkennbar	stellenweise erkennbar	kaum erkennbar	Text durchgängig unangemessen
		Verknüpfung von Sätzen, Satzteilen	angemessen	überwiegend angemessen	teilweise angemessen	kaum angemessen	
	Wortschatz	Spektrum	differenziert	überwiegend angemessen	teilweise angemessen **oder** begrenzt	kaum vorhanden	
		Beherrschung	vereinzelte Fehlgriffe beeinträchtigen das Verständnis nicht	mehrere Fehlgriffe beeinträchtigen das Verständnis	mehrere Fehlgriffe beeinträchtigen das Verständnis teilweise	mehrere Fehlgriffe beeinträchtigen das Verständnis erheblich	
	Strukturen	Spektrum	differenziert	überwiegend angemessen	teilweise angemessen **oder** begrenzt	kaum vorhanden	
		Beherrschung (Morphologie, Syntax, Orthografie)	vereinzelte Fehlgriffe beeinträchtigen das Verständnis nicht	mehrere Fehlgriffe beeinträchtigen das Verständnis nicht	mehrere Fehlgriffe beeinträchtigen das Verständnis teilweise	mehrere Fehlgriffe beeinträchtigen das Verständnis erheblich	
AUFGABE 2	Erfüllung *	Inhalt, Umfang, Meinungsäußerung	Meinungsäußerung inhaltlich und umfänglich angemessen	überwiegend angemessen	teilweise angemessen	kaum angemessen	Wie Aufgabe 1
		Register/Soziokulturelle Angemessenheit	situations- und partneradäquat	noch weitgehend situations- und partneradäquat	ansatzweise situations- und partneradäquat	nicht mehr situations- und partneradäquat	
	Kohärenz Wortschatz Strukturen			Wie Aufgabe 1			
AUFGABE 3	Erfüllung *	Mitteilung, Inhalt Register/Soziokulturelle Angemessenheit	Mitteilung inhaltlich und soziokulturell angemessen	überwiegend angemessen	stellenweise angemessen	kaum angemessen	Wie Aufgabe 1
	Kohärenz Wortschatz Strukturen			Wie Aufgabe 1			

* Wird das Kriterium „Erfüllung" mit E (0 Punkten) bewertet, ist die Punktzahl für diese Aufgabe insgesamt 0 Punkte.

Schreiben Teil 1	A	B	C	D	E
Erfüllung	10	7,5	5	2,5	0
Kohärenz	10	7,5	5	2,5	0
Wortschatz	10	7,5	5	2,5	0
Strukturen	10	7,5	5	2,5	0

Schreiben Teil 2	A	B	C	D	E
Erfüllung	10	7,5	5	2,5	0
Kohärenz	10	7,5	5	2,5	0
Wortschatz	10	7,5	5	2,5	0
Strukturen	10	7,5	5	2,5	0

Schreiben Teil 3	A	B	C	D	E
Erfüllung	4	3	2	1	0
Kohärenz	4	3	2	1	0
Wortschatz	6	4,5	3	1,5	0
Strukturen	6	4,5	3	1,5	0

© 2016 Cornelsen Verlag GmbH, Berlin. Alle Rechte vorbehalten.

Bewertungskriterien *Sprechen*

			A	B	C	D	E
AUFGABE 1	Erfüllung *	Sprachfunktionen (Vorschlag, Zustimmung …) Inhalt Umfang	Sprachfunktionen in Inhalt und Umfang angemessen behandelt	überwiegend angemessen	teilweise angemessen	kaum angemessen	Gesprächsanteil nicht bewertbar
	Interaktion	Das Gespräch beginnen, in Gang halten, beenden Reaktionsfähigkeit	angemessen	überwiegend angemessen	teilweise angemessen	kaum angemessen	
	Wortschatz	Register	situations- und partneradäquat	noch weitgehend situations- und partneradäquat	ansatzweise situations- und partneradäquat	nicht mehr situations- und partneradäquat	Äußerung größtenteils unverständlich
		Spektrum	differenziert	überwiegend angemessen	teilweise angemessen **oder** begrenzt	kaum vorhanden	
		Beherrschung	vereinzelte Fehlgriffe beeinträchtigen das Verständnis nicht	mehrere Fehlgriffe beeinträchtigen das Verständnis nicht	mehrere Fehlgriffe beeinträchtigen das	mehrere Fehlgriffe beeinträchtigen das Verständnis erheblich	
	Strukturen	Spektrum	differenziert	überwiegend angemessen	teilweise angemessen **oder** begrenzt	kaum vorhanden	
		Beherrschung (Morphologie, Syntax)	vereinzelte Fehlgriffe stören nicht	mehrere Fehlgriffe stören nicht	mehrere Fehlgriffe stören teilweise	mehrere Fehlgriffe stören erheblich	
AUFGABE 2	Erfüllung *	Vollständigkeit Inhalt Umfang	Alle 5 Folien in Inhalt und Umfang angemessen behandelt	3–4 Folien in Inhalt und Umfang angemessen behandelt	2 Folien in Inhalt und Umfang angemessen behandelt **oder** alle Folien zu knapp	1 Folie in Inhalt und Umfang angemessen behandelt	Präsentation nicht bewertbar
	Kohärenz	Verknüpfung von Sätzen und Satzteilen nachvollziehbarer Gedankengang	angemessen	überwiegend angemessen	teilweise angemessen	kaum angemessen	
	Wortschatz Strukturen				Wie Aufgabe 1		
AUFGABE 3	Erfüllung	Sprachfunktionen (Rückmeldung, Frage stellen, beantworten) Inhalt Umfang	Sprachfunktionen in Inhalt und Umfang angemessen behandelt	überwiegend angemessen	teilweise angemessen	kaum angemessen	nicht bewertbar
AUFGABE 1, 2, 3	Aussprache	Satzmelodie Wortakzent Einzelne Laute	Keine auffälligen Abweichungen	Wahrnehmbare Abweichungen beeinträchtigen das Verständnis nicht	Abweichungen beeinträchtigen das Verständnis stellenweise	Abweichungen beeinträchtigen das Verständnis erheblich	nicht mehr verständlich

Sprechen	A	B	C	D	E
Teil 1					
Erfüllung	8	6	4	2	0
Kohärenz	4	3	2	1	0
Wortschatz	8	6	4	2	0
Strukturen	8	6	4	2	0

Sprechen	A	B	C	D	E
Teil 2					
Erfüllung	12	9	6	3	0
Kohärenz	4	3	2	1	0
Wortschatz	12	9	6	3	0
Strukturen	12	9	6	3	0

Sprechen	A	B	C	D	E
Teil 3					
Erfüllung	16	12	8	4	0
Teil 1, 2, 3					
Aussprache	16	12	8	4	0

Hörtexte

Gesamttest Einheit 1–5

Beispiel

Auf der Bildungsmesse hören Sie folgende Durchsage.
Achtung, eine Mitteilung für alle Besucher unserer Bildungsmesse. Die Informationsveranstaltung „Englischlernen in der Grundschule", die sich besonders an Studentinnen und Studenten richtet, findet nicht in Halle D, sondern in Halle A statt. Wir beginnen unsere Veranstaltung deshalb nicht um 16.15 Uhr, sondern eine Viertelstunde später, damit alle Interessenten den Weg dorthin finden können. Ich wiederhole: Die Info-Veranstaltung zum Thema „Englischlernen in der Grundschule" beginnt um 16.30 Uhr in Halle A.

Nummer 1 und 2

Sie hören eine Durchsage im Radio.
Und hier eine Meldung der Polizei. Am Montagmorgen ereignete sich auf der Kaiserstraße ein schwerer Verkehrsunfall zwischen einem PKW und einer Straßenbahn der Linie 12. Wegen Aufräumarbeiten wird die Kaiserstraße noch den ganzen Tag gesperrt bleiben. Wir bitten Autofahrer, den Bereich großräumig zu umfahren. In diesem Zusammenhang bittet die Polizei um Ihre Mithilfe. Personen, die den Unfall beobachtet haben, sollen sich unbedingt bei einer Polizeidienststelle melden.

Nummer 3 und 4

Sie hören den Wetterbericht im Radio.
Und nun der Wetterbericht für Nordrhein-Westfalen. Am Freitagabend gibt es noch Regenfälle mit starkem Wind, im Kölner Raum kann es auch etwas schneien. Am Wochenende bleibt es überall trocken, wir erwarten ein Hoch, das uns trotz der kalten Temperaturen endlich etwas Sonne bringt. Es bleibt kalt bei Temperaturen zwischen 0 und 2 Grad.

Nummer 5 und 6

Sie hören eine Nachricht auf dem Anrufbeantworter.
Guten Tag, Frau Gerlach. Hier ist das Sekretariat der Carl-Schurz-Schule. Da Frau Lietsche, die Klassenlehrerin Ihrer Tochter, krank geworden ist, müssen wir leider den Elternabend am nächsten Donnerstag absagen. Wir hoffen, dass Frau Lietsche nächste Woche wieder gesund ist, wollen aber auf jeden Fall versuchen, den Elternabend noch in diesem Monat stattfinden zu lassen. Wir werden Sie dann rechtzeitig informieren. Vielen Dank für Ihr Verständnis und auf Wiederhören.

Nummer 7 und 8

Sie hören eine Nachricht auf dem Anrufbeantworter.
Sie sind verbunden mit dem Anrufbeantworter der Berufsgenossenschaft Hainburg. Wir ziehen um, deshalb ist unser Büro heute geschlossen. Ab morgen erreichen Sie uns in unserem neuen Büro im Fuchsweg 12 täglich zwischen 8 und 12 Uhr und zwischen 15 und 18 Uhr, donnerstags jetzt auch bis 21 Uhr. Unser Infotelefon ist jedoch den ganzen Tag besetzt, bis 19 Uhr. Wählen Sie bitte wie bisher die Vorwahl für Hainburg, die 06182 und danach die 44880.

Nummer 9 und 10

Sie hören eine Nachricht auf dem Anrufbeantworter.
Hallo, Ewa, hier ist Anne. Du, ich habe jemanden kennengelernt. Er heißt Victor, hat wildes, blondes Haar und sieht super aus. Ich finde, er ist auch total sympathisch. Aber ich glaube, er liebt sein teures Auto mehr als alles andere. Das finde ich komisch. Na ja, morgen Mittag treffe ich ihn im Café Central. Kannst du dann vielleicht auch kommen? Wir könnten ja so tun, als ob wir uns zufällig treffen. Ich weiß einfach nicht, ob er der Richtige ist. Melde dich.

Nummer 11 bis 15

Sie nehmen an einem Rundgang durch das neue Bildungs- und Kulturzentrum Mitte teil.
Liebe Besucherinnen und Besucher des neuen Bildungs- und Kulturzentrums. Herzlich willkommen. Ich freue mich, dass Sie so zahlreich erschienen sind.
Ja, wie Sie sehen, ist es ein neues, modernes Gebäude mit drei Etagen. Im Haus befindet sich, aber das ist Ihnen sicherlich bekannt, jetzt die Volkshochschule, außerdem die Stadtteilbücherei und das Stadtteilkino Mitte. Die VHS hat ihre Arbeit schon aufgenommen, die Stadtteilbücherei öffnet nächste Woche und das Kino wird seine ersten Filme Anfang Oktober zeigen.
So, zuerst zeige ich Ihnen jetzt die Räume im Erdgeschoss. Links, gegenüber vom Eingang, ist die Cafeteria. Sie hat auch schon geöffnet. Dort können wir später, wenn Sie möchten, noch etwas trinken. Gegenüber, hinter der großen Glasscheibe ist dann die Stadtteilbücherei. Für zehn Euro jährlich bekommen Sie eine Kundenkarte und können dort Bücher und Medien ausleihen. Die Öffnungszeiten stehen hier auf dem Faltblatt, das ich Ihnen mitgebe. Neu und sehr praktisch ist, dass Sie Ihre Medien am Medienrückgabeautomaten, den Sie hier sehen, 24 Stunden täglich zurückgeben können, auch am Wochenende und an Feiertagen. Sie können natürlich auch ohne Kundenkarte in der Bücherei Bücher oder aktuelle Zeitungen lesen, nur nach Hause mitnehmen dürfen Sie nichts.
So, am Ende des Ganges ist dann unser Kino, wie gesagt, es nimmt Anfang Oktober seine Arbeit auf, aber hier liegen schon die ersten Programmhefte. Und jetzt gehen wir die Treppe hoch und kommen zur Volkshochschule. Hier im ersten Stock befinden sich die Räume des

Kundenservice. Hier können Sie sich für die Kurse anmelden oder sich zu den Sprachkursen beraten lassen. Es gibt zweimal so viel Räume für die Anmeldung wie früher, Sie werden also nicht mehr so lange warten müssen. Dann befinden sich in diesem Stockwerk die Kursräume, ich zeige Ihnen einmal, wie sie aussehen – alle modern ausgestattet – und größer und heller als in der alten VHS.

Gehen wir jetzt in den zweiten Stock.

Hier sind jetzt die Computerräume und, das ist neu, am Ende des Gangs haben wir noch Kunst- und Werkräume eingerichtet, für alle, die handwerkliche Kurse besuchen. Wenn wir jetzt durch diese Glastür gehen, kommen wir zu den Gymnastikräumen, auch groß und hell. Und wir konnten endlich einen Wunsch unserer Kunden erfüllen. Es gibt jetzt Duschen an der VHS. Diese gab es früher nicht und das war oft ein Grund, weshalb die Gymnastikkurse nicht so gut besucht waren.

Im Stockwerk darüber ist dann die Verwaltung der VHS, im Zimmer 303 können Sie auch mit der Leiterin der VHS sprechen, wenn Sie Fragen haben sollten.

Gut, gehen wir wieder nach unten oder nehmen wir den Aufzug, den gibt es natürlich auch. In der Cafeteria können wir gerne noch etwas trinken. Falls Sie Fragen haben, stehe ich gern zur Verfügung. Vielen Dank für Ihre Aufmerksamkeit.

Aufgabe 16 bis 22

Sie warten gerade auf die S-Bahn und hören, wie sich ein Mann und eine Frau über Beziehungen unterhalten.

– Thomas, hast du schon gehört, dass Laura und Michael sich getrennt haben?
+ Wirklich, Anna? Laura und Michael haben sich getrennt? Ich hatte immer den Eindruck, dass sie gut gemeinsam leben können.
– Da hast du eigentlich recht, Thomas. Die beiden waren sehr glücklich, bis die Diskussion auf Kinder kam. Michael wollte unbedingt ein Kind. Und Laura auch, aber noch nicht jetzt. Sie will erst die Uni fertigmachen und hat ja auch noch Zeit.
+ Weißt du, ich kenne Michael ganz gut. Nach seiner letzten Beziehung mit Isa wollte er nur noch alleine sein. Er war depressiv und wollte überhaupt keine Beziehung mehr haben. Nur nicht mehr verletzt werden, hat er mir gesagt. Und wenn er wieder eine Beziehung hätte, dann müsste die fürs Leben sein. Sicherheit ist für ihn alles.
– Du glaubst, daher kommt sein Kinderwunsch?
+ Kann doch sein. Vielleicht denkt er, wenn ein Kind da ist, bleiben die Eltern immer zusammen.
– Gut, wir wissen es nicht … aber sag mal, Thomas, wie geht es dir? Bist du immer noch Single?
+ Ich war lange alleine, das stimmt, aber ich habe jetzt endlich eine Freundin, aber leider wohnt sie in München.
– Eine Fernbeziehung? Nicht einfach, oder?
+ Ach, es geht ganz gut, wir treffen uns fast jedes Wochenende, manchmal kommt sie nach Köln, manchmal fahre ich runter. Aber klar, auf Dauer, wenn wir zusammenbleiben, müssen wir irgendeine Lösung finden. Alles hängt von unseren Jobs ab.
+ Klar. Was macht sie? Ist sie auch Lehrerin?
– Nein, zwei Lehrer zusammen, das könnte ein bisschen langweilig werden. Nein, sie arbeitet in München bei einer IT-Firma, ich verstehe zu wenig davon, es hat irgendetwas mit Webdesign zu tun. Was ganz gut ist, theoretisch könnte sie von überall arbeiten.
– Du meinst, dass sie auch über das Internet hier in Köln Arbeiten ihrer Firma erledigen könnte?
+ Ja, vielleicht. Oder ich könnte versuchen, das Bundesland zu wechseln und in Bayern zu arbeiten. Mal sehen, wie gesagt, so lange kennen wir uns ja noch nicht. Wir machen jetzt im Sommer erst einmal einen Urlaub zusammen und darauf freuen wir uns beide schon. Und bei dir, Anna?
– Bei mir gibt es nichts Neues. Wir sind jetzt schon fast zehn Jahre zusammen und einfach glücklich. Dann kam Jens, kurz vorher hatten wir geheiratet … Er ist jetzt fünf geworden und ein super Kind. Er macht uns wirklich viel Freude.
+ Zehn Jahre? Das glaube ich nicht.
– Ja, zehn Jahre. Die Zeit vergeht so schnell, aber das sieht man vor allem, wenn man Kinder hat.
+ Du, da kommt meine S1. Welche S-Bahn nimmst du?
– Eigentlich müsste ich die S5 nehmen, aber ich steig mit dir ein und fahr bis zum Bahnhof. Da kann ich immer noch in die S5 umsteigen.
+ Prima, dann können wir noch ein bisschen reden …

Aufgabe 23 bis 30

Die Moderatorin Anke Ludewig (+) diskutiert mit Martin Schmidt (–), freiberuflicher Übersetzer, und Eva Kern (*), Stressberaterin, über das Thema Stress.

+ Liebe Zuhörer, herzlich willkommen zu unserer Diskussionsrunde. Es ist schon merkwürdig. Eigentlich müssten wir immer mehr Zeit haben – die moderne Technik hilft uns, weniger Stress zu haben. Wir können online bestellen, sind nicht mehr von den Öffnungszeiten der Geschäfte abhängig, unangenehme Arbeit wird von Maschinen gemacht. Man müsste doch weniger Stress haben. Trotzdem wird der Stress immer größer. Darüber möchte ich heute mit meinen Studiogästen, Herrn Schmidt, freiberuflicher Übersetzer und Frau Kern, Stressberaterin, reden. Frau Kern, zuerst einmal: Was ist eigentlich Stress?
* Ich würde sagen, eine Situation, in der man durch die Arbeit, z. B. die Angst, den Arbeitsplatz zu verlieren, aber auch durch andere teils private Faktoren, wie beispielsweise eine schlechte Beziehung oder Straßen- oder Fluglärm einfach nicht mehr weiterweiß. Man hat das Gefühl, dass alles zu viel ist. Man fühlt sich schlecht, man ist nervös, man wird langsam krank.

\+ Sie sind Stressberaterin. Was machen Sie in Ihrem Beruf?

* Ich arbeite in verschiedenen Firmen und führe dort Gespräche mit Mitarbeiterinnen und Mitarbeitern, die sich gestresst fühlen. Damit die Mitarbeiter durch Stress nicht krank werden, versuche ich je nach Problem Tipps zu geben, wie man Stress reduzieren oder vielleicht ganz ohne Stress leben kann.

\+ Herr Schmidt, Sie arbeiten zu Hause, eigentlich müsste man dann doch weniger Stress haben, oder?

– Ja, ich arbeite zu Hause als Übersetzer. Eigentlich ideal, ich kann meine Arbeitszeit frei einteilen, und klar, die Technik hilft mir auch. Ich muss nicht mehr auf die Post warten, wenn ich auf einen Auftrag warte. Aber das bedeutet auch, dass ich eigentlich nie frei habe, immer schaue ich, ob neue Mails gekommen sind, auch abends und nachts, das Privatleben leidet darunter sehr. Früher, als ich in einer Firma gearbeitet habe, hatte ich immer Probleme mit meinem Chef, auch die festen Arbeitszeiten haben mir nicht gefallen. Irgendwann dachte ich, wenn ich diese Situation ändere, also selbstständig arbeite, würde es mir besser gehen. Aber zufrieden bin ich trotzdem noch nicht.

* Aber gerade, wenn man selbstständig arbeitet, hat man gute Möglichkeiten, etwas gegen Stress zu tun. Man kann seine Zeit frei einteilen, muss aber auch lernen, seine Zeit gut zu organisieren.

– Sie denken an Zeitmanagement. Ja, ich weiß, ich habe viele Bücher dazu gelesen, aber wirklich geholfen hat mir das nicht.

* Kann schon sein, oft sind diese Tipps sehr abstrakt und man weiß nicht, wie man sie in sein Leben integrieren soll. Herr Schmidt, mal etwas Anderes: Was macht Ihnen Spaß? Was sind Ihre Hobbys?

– Naja, ich fahre gern Rad, höre gern Musik, alles, wozu ich im Augenblick keine Zeit mehr habe.

* Haben Sie keine Zeit oder nehmen Sie sich keine Zeit?

– Ich weiß nicht ...

* Sehen Sie: Es gibt ja die bekannten Tipps gegen Stress: Machen Sie langsamer. Machen Sie Pausen. Treiben Sie Sport. Konkret heißt das: Machen Sie einen Wochenplan und tragen Sie in diesen Plan Ihre Pausen ein. Nehmen Sie das ernst. Schalten Sie dann auch den Computer aus. Und wenn Sie mit dem Fahrrad unterwegs sind, lassen Sie Ihr Handy zu Hause. Ich weiß, dass das nicht so einfach ist, aber versuchen Sie es wirklich. Und ganz entscheidend: Ein Tag pro Woche muss frei sein, besser natürlich noch zwei Tage.

– Immen einen Plan machen, das ist dann ja auch schon wieder Stress.

* Aber, Herr Schmidt, nicht alles, was man plant, ist gleich Stress. Wenn etwas Spaß macht, ist diese Anstrengung positiv.

– Wissen Sie, ich habe ein Problem damit, auch meine Freizeit zu planen. Immer muss ich mich an Termine halten, mein Wunsch wäre mal, ganz ohne Termine zu leben, auch ohne Termine für meine Freizeit. Aber vielleicht muss ich es wirklich mal so versuchen. Und irgendwann nehme ich mir dann möglicherweise automatisch Pausen und brauche keine Terminplanung mehr.

\+ Jetzt würde mich natürlich auch interessieren, wie Sie Frau Kern mit Stress umgehen. Denn ich kann mir nicht vorstellen, dass Stress nicht auch für Sie, wie wahrscheinlich in den meisten Berufen, zum Problem werden kann. Wenn man gegen Stresssituationen berät, nimmt man doch bestimmt viele Probleme mit nach Hause. Dann ist es sicher auch schwer, dass man Arbeit und Privates voneinander trennt.

* Da sprechen Sie natürlich ein Problem an. Ja, am Anfang meiner Arbeit war das sicher so. Aber im Laufe der Zeit habe ich gelernt, dass man beides trennen kann und muss. Ich nehme mir keine Unterlagen mit nach Hause, ich gebe meine Telefonnummer nicht bekannt. Wenn es mit einer Kundin oder einem Kunden große Probleme gibt, gibt es ein Hilfenetzwerk verschiedener Sozialarbeiter. Ich kann meine Kunden dann weiterleiten, sodass ich mir keine Sorgen machen muss.

– Und was ist Ihr wichtigster Tipp gegen Stress?

* Spazierengehen, joggen, in ein Konzert gehen, auf jeden Fall raus aus dem Haus. Tapetenwechsel, möchte ich sagen. Es ist nicht gut, wenn man den ganzen Tag in geschlossenen Räumen verbringt.

\+ Liebe Zuhörerinnen und Zuhörer, unsere Zeit ist um, liebe Studiogäste, vielen Dank für das Gespräch.

Gesamttest
Einheit 6–10

Beispiel

Sie hören eine Durchsage im Museum.
Liebe Besucher, die nächste Führung durch das Auswandererhaus Bremerhaven beginnt morgen um 9 Uhr. Bei Interesse kommen Sie bitte zum Treffpunkt an der Information in der Eingangshalle. Wir empfehlen Ihnen, sich heute bereits für die Führungen anzumelden, da es morgen eventuell keine freien Plätze mehr gibt. Sie können aber auch einen elektronischen Museumsführer mieten. Diesen gibt es in vier verschiedenen Sprachen und er wird sie durch unsere Ausstellung leiten.

Aufgabe 1 und 2

Sie hören eine Nachricht auf dem Anrufbeantworter.
Guten Tag Herr Stein, hier Krause. Ich rufe wegen meines Besuchs morgen an. Wir wollten ja noch einmal telefonieren. Vor einer Stunde wurde mein Handy gestohlen und ich rufe jetzt von einer Telefonzelle an. Sie können mich im Moment telefonisch also nicht erreichen. Es bleibt aber alles wie abgesprochen. Ich komme um 10 Uhr am Hauptbahnhof an. Ich werde mir schnell ein neues Handy besorgen und melde mich dann bei Ihnen, um Ihnen zur Sicherheit meine neue Nummer zu geben. Peter Krause.

Aufgabe 3 und 4

Sie hören eine Sendung im Radio.
… Ich bedanke mich ganz herzlich bei Jan Friedrichs für dieses Interview. Wer Interesse an der Ausstellung seiner Fotos zum Thema „Alt und Jung in unserer Stadt" hat, kann morgen um 11 Uhr zur Eröffnungsfeier in die Galerie „Schöngeist" in der Brunnenstraße 14 kommen. Danach kann die Ausstellung noch bis zum 1. September täglich von 12 bis 20 Uhr besucht werden. Alle weiteren Informationen erhalten Sie im Kulturbüro in der Bahnhofstraße.

Aufgabe 5 und 6

Im Radio hören Sie die folgende Nachricht.
Wie in den vergangenen Jahren findet auch dieses Jahr wieder das Fest der Kulturen statt. Vom 25. bis 28. Mai wird auf zahlreichen Bühnen rund um den Goetheplatz ein buntes Programm mit Musik, Tanz und Theater aus der ganzen Welt geboten. Am Sonntag findet wie immer die große Straßenparade statt, bei der über 4000 Teilnehmer aus über 80 Nationen ihre Gruppen, Vereine und Kulturen präsentieren. Neu in diesem Jahr: der internationale Flohmarkt auf der Körnerwiese.

Aufgabe 7 und 8

Sie hören den Wetterbericht im Radio.
Und hier noch die Wetteraussichten für Hessen: Heute am Freitag, scheint noch überall die Sonne mit Temperaturen bis 20 Grad, am Wochenende ist es jedoch erst einmal vorbei mit den sommerlichen Temperaturen. Es wird ziemlich kühl, die Höchsttemperaturen gehen auf 12 bis 15 Grad zurück und es kann auch immer wieder zu Regenfällen kommen. Und so wird es auch die kommende Woche bleiben.

Aufgabe 9 und 10

Sie hören eine Durchsage am Bahnhof.
Achtung, Achtung, der EuroCity 43 von Berlin Hauptbahnhof nach Warschau, planmäßige Abfahrt 12.41 Uhr von Gleis 5, hat wegen Bauarbeiten am Berliner Hauptbahnhof zurzeit ungefähr 30 Minuten Verspätung. Voraussichtliche Ankunft gegen 13.11 Uhr. Der Regionalexpress Frankfurt/Oder nach Berlin um 13.00 muss heute leider ausfallen. Bitte beachten Sie die weiteren Durchsagen und die Hinweise auf der Anzeigetafel.

Aufgabe 11 bis 15

Sie nehmen an einem Stadtrundgang entlang der Museen in Leipzig teil und stehen vor dem Grassi-Museum.
Meine Damen und Herren, dieses große Gebäude, vor dem wir jetzt stehen, ist das Grassi-Museum – das ist dann auch Schlusspunkt unseres Stadtrundgangs. Viele werden sich fragen, woher dieser Name kommt. Franz Dominic Grassi, war ein Kaufmann, der hier in Leipzig gelebt hat und nach seinem Tod im Jahr 1880 der Stadt sehr viel Geld überlassen hat, mehr als zwei Millionen Mark. Mit diesem Geld wurden viele Gebäude in Leipzig gebaut, unter anderem das Museum für Völkerkunde und Kunsthandwerk, dort wo heute die Leipziger Stadtbibliothek ist. Da das Museum irgendwann zu klein wurde, kam es zu einem Neubau, hier am Johannisplatz.
Wie Sie hier am Eingang sehen können, ist das Besondere dieses Museums, dass es drei verschiedene Museen beherbergt. Das Museum für Angewandte Kunst, das Museum für Musikinstrumente und das Museum für Völkerkunde. Drei Museen also in einem Gebäude. Das Museum ist täglich außer montags geöffnet, es gibt Einzeltickets für jedes Museum oder Kombitickets für den Besuch von zwei oder drei der Museen. Viele Museen in Leipzig verlangen keinen Eintritt, aber dieses Museum hier muss einen kleinen Beitrag erheben. Es gibt auch ein Museumscafé, in dem man sich etwas ausruhen kann, wenn man alle drei Museen an einem Tag besucht.
Einmal im Monat, an jedem ersten Sonntag, gibt es auch einen organisierten Rundgang durch alle drei Museen, der Ihnen einen ersten Einblick in die Vielfalt aller ausgestellten Objekte geben soll. Dieser Rundgang dauert zwei Stunden und startet immer um 14 Uhr hier in der Eingangshalle.
Wir gehen jetzt ins Gebäude, damit ich Ihnen zeigen kann, wo die Kasse ist. Dort bekommen Sie auch Informationen zu allem, was ich Ihnen bisher erzählt haben und vor allem zu den aktuellen Sonderausstellungen. Ich habe alle drei Museen letzte Woche besucht. Was mir persönlich besonders gut gefallen hat, war das Klanglabor im Museum für Musikinstrumente. Dort kann man Instrumente, die Sie bestimmt noch nie gesehen haben, ausprobieren. In diesem Museum ist auch Fotografieren erlaubt.
Aber wie gesagt, alle Details erfahren Sie am Infostand an der Kasse. Dort hinten in der Mitte.
Damit endet unser Rundgang entlang der Leipziger Museen. Ich hoffe, es war für Sie interessant und würde mich freuen, wenn Sie Interesse an weiteren Führungen hätten. Ich gebe Ihnen noch einen Prospekt zu den Leipziger Stadtrundfahrten mit dem Bus. Wenn Sie diese Tour noch nicht gemacht haben, sollten Sie unbedingt daran teilnehmen. Da im Moment das Wetter leider nicht so gut ist, und eine Rundfahrt mit dem Fahrrad, die wir auch anbieten, etwas nass werden könnte, wäre das eine gelungene Alternative.

Aufgabe 16 bis 22

Sie sind in einem Café und hören, wie sich ein Mann und eine Frau übers Wohnen unterhalten.
+ Hallo Maria, was gibt's Neues? Du hast doch eine neue Wohnung gesucht?
− Ja, und ich bin umgezogen, letzte Woche. Ich wohne jetzt in einem Haus, das sich Mehrgenerationenhaus nennt. Dort leben Menschen verschiedenen Alters zusammen: Kinder, Jugendliche und ältere Menschen.
+ Das wundert mich jetzt gar nicht. Du hast ja Sozialarbeit studiert, aber ist das nicht zu viel? Dann bist du ja privat immer noch bei deiner Arbeit.

– Nein, nein, es ist kein Heim, es ist ein ganz normales Mietshaus. Die älteren Menschen sind alle fit, es ist nicht so, dass wir uns um sie kümmern müssen.

+ Und was ist dann das Besondere?

– Naja, es wird viel organisiert. Aber man muss nur mitmachen, wenn man will. Es gibt jeden Montag eine Hausversammlung, wenn man Lust hat, kann man dahin gehen. Und dann hat das Zusammenleben viele Vorteile. Es ist immer jemand da um auf Kinder, Hunde oder die Oma aufzupassen. Im Gegenzug erledigen andere Mieter handwerkliche Arbeiten, Gartenarbeit, Einkaufen. Ist wie in einer großen Familie.

+ Wie bist du denn auf die Idee gekommen, dorthin zu ziehen?

– In meiner alten Wohnung gab es überhaupt keine Kontakte mit den anderen Mietern. Die Wohnung wurde immer teurer und dann habe ich erfahren, dass die Stadt jüngere Mieter für dieses Haus sucht. Ich habe mich beworben und natürlich hat mir meine Berufsausbildung auch dabei geholfen, die Wohnung zu bekommen.

+ Du bist also zufrieden. Gibt es denn gar keine Konflikte?

– Doch, natürlich. Zum Beispiel haben Jüngere und Ältere nicht immer die gleichen Vorstellungen von Ruhe oder Sauberkeit. Da muss man eben gemeinsam darüber sprechen und Regeln finden, damit sich alle wohl fühlen und möglichst problemlos zusammenleben können. Aber dieses Problem hatte ich in meiner alten Wohnung auch, nur mit dem Unterschied, dass nicht darüber gesprochen wurde und sich bei jedem Konflikt sofort jemand bei der Hausverwaltung beschwert hat. Aber erzähl mal von dir? Du warst mit deiner Wohngemeinschaft doch auch nicht so zufrieden, oder?

+ Ja, ich wohne immer noch mit Anja und Karin zusammen und es ist nicht einfach.

– Dann zieh doch zu uns, da gibt es vielleicht noch Platz. Ich könnte fragen.

+ Ach nein, weißt du, ich möchte jetzt lieber mal alleine wohnen, meine Ruhe haben. Vielleicht ziehe ich auch aufs Land, da sind die Wohnungen billiger, und ich hätte auch Lust, in der Natur zu wohnen.

– Du, da fällt mir ein, ein Freund von mir wohnt in Eddersheim, das ist ja nicht weit von hier, und er sucht unbedingt eine Wohnung in der Stadt. Außerdem möchte er mit anderen Studenten zusammenwohnen. Ich gebe dir mal seine Adresse, vielleicht könnt ihr euch ja mal treffen und versuchen, einen Wohnungstausch zu machen.

+ Gute Idee, meine Mitbewohnerinnen hätten auch gern wieder einen Mann in der Wohnung.

– Na dann, versuchen wir's. Warte mal, ich habe die Adresse doch gespeichert …

Aufgabe 23 bis 30

Die Moderatorin Rebecca Schmidt (+) diskutiert mit Herrn Werner (–) und Frau Lohmann (*) von der Umweltinitiative Nord zum Thema „Sollte man Plastiktüten verbieten?"

+ Es soll bald Schluss sein mit den Plastiktüten. In Supermärkten zum Beispiel werden sie meistens schon nicht mehr kostenlos verteilt, jetzt gibt es Politiker, die ein allgemeines Verbot von Plastiktüten vorschlagen. Mit unseren Studiogästen möchte ich heute über das Thema „Sollte man Plastiktüten verbieten?" diskutieren.

– Wir alle wissen, dass Plastik schädlich für die Umwelt ist. Wenn wir uns die Umweltprobleme betrachten, ist die Zeit der Plastiktüten einfach vorbei. Allein für ihre Produktion braucht man unglaubliche Mengen Erdöl, und nachdem man sie benutzt hat, landen sie auf dem Müll. Das ist das nächste Problem. Was Sie gesagt haben, dass die Tüten heute meistens schon etwas kosten, ist natürlich ein Anfang. Aber was mir nicht gefällt, sind Verbote. Immer werden neue Regeln aufgestellt, vielleicht sollte man die Bürger einfach mal fragen, was ihre Meinung ist. Und nicht vorschreiben, wie man einkaufen muss.

* Gut, aber manchmal geht es eben nicht anders. Allerdings kann ich mir nicht vorstellen, dass es zu einem europaweiten Verbot von Plastiktüten kommen wird. Aber die Diskussion darüber führt schon dazu, dass die Menschen beim Einkaufen nachdenken und das ist eine gute Sache. Allerdings wird es oft zum Problem, wenn es um die eigene Bequemlichkeit geht. Heute sagt fast jeder, dass ihm Umweltschutz wichtig ist, nur wenn es an die eigene Bequemlichkeit geht, gibt es Widerstände. Warum also nicht einmal beim Einkaufen anfangen, an die Umwelt zu denken?

– Und daran, Tüten, wie jedes Verpackungsmaterial, wiederzuverwenden, mehrfach zu benutzen. Das Problem ist ja, dass jedes Jahr weltweit unglaubliche Mengen dieser Tüten einfach weggeworfen werden. Milliarden dieser Plastiktüten gelangen in die Umwelt, in Flüsse und Meere. Aber ich möchte noch einmal auf unsere Ausgangsfrage zurückkommen. Verbot – ja oder nein? Ich finde, es hat sich schon vieles verändert, auch ohne Verbot. Plastiktüten kosten mittlerweile etwa zehn bis 25 Cent pro Stück. Und diesen Betrag könnte man ja für den Umweltschutz allgemein verwenden. Man könnte den Preis für die Plastiktüten auch noch weiter erhöhen, das würde ich für eine gute Sache halten.

* Ob man durch den Preis alles regeln kann? Da bin ich mir nicht sicher. Wenn die Benzinpreise steigen, wird trotzdem nicht weniger Auto gefahren. Beim Einkaufen nachdenken, darauf kommt es an.

+ Aber wir wollten ja darüber sprechen, ob Verbote sinnvoll sind. Was wäre denn, wenn es keine Plastiktüten mehr geben würde? Wie könnte eine Alternative aussehen?

– Eine Alternative für Plastiktüten? Wenn es wirklich keine Plastiktüten mehr geben würde, würde man sich schnell daran gewöhnen und beim Einkaufen nicht vergessen, etwas zum Tragen mitzunehmen. Etwas für

* Ja, der Meinung bin ich auch: eine Tasche von zu Hause mitnehmen, und zwar eine, die man immer wieder benutzen kann. Ich finde, es gibt viele gute Alternativen zur Plastiktüte. Stofftaschen zum Beispiel. Und die kann man unendlich oft verwenden.
– Die kosten aber mindestens einen Euro das Stück. Natürlich kann man sie immer wieder verwenden, nur wer denkt daran, immer eine beim Einkauf dabei zu haben? Also wird man immer wieder neue kaufen, die dann auch nur irgendwo herumliegen. Die Hersteller von Stofftüten werden sich freuen, sie verkaufen dann mehr …
+ Und viele Geschäfte verwenden auch Tüten aus Papier …
* … die aber auch nicht unproblematisch sind. Auch für ihre Produktion braucht man sehr viel Energie und sehr viel Wasser. Und Bäume fällen, damit man Tüten aus Papier herstellen kann, ist auch nicht gerade umweltfreundlich. Papiertüten sind nicht sehr stabil, man kann sie oft schlecht wieder benutzen. Aber ich finde, nicht auf die Tüte kommt es an, sondern darauf, wie oft man sie benutzt. Wir sollten uns verabschieden von der Wegwerfmentalität.
+ Das heißt?
* Was ich vorher gesagt habe: Bewusst einkaufen, nicht nur nachdenken, was man kauft, sondern wie man kauft. Die umweltfreundlichste Tüte ist die, die man gar nicht braucht.
– Und auch hier ist schon einiges geschehen. Wenn ich im Supermarkt einkaufe, höre ich immer öfter von Kunden auf die Frage der Kassiererin: „Möchten Sie eine Tüte?", als Antwort: „Nein, ich brauche keine". Ich denke, wir sind schon auf dem richtigen Weg. Das Umweltbewusstsein nimmt zu, ob es nun ums Energiesparen, Verkehrsmittel oder auch Plastikmüll geht. Aber es ist ein langer Weg und die Menschen müssen es akzeptieren, sie müssen überzeugt werden, ohne Verbote.
+ Gut, liebe Studiogäste. Wir müssen zum Ende kommen. Vielleicht konnte diese interessante Diskussion dazu beitragen, weiter nachzudenken, wie man auch andere Produkte, die schädlich für die Umwelt sind, reduzieren kann.

Modelltest
Goethe-Zertifikat B1

Beispiel

Sie hören eine Durchsage im Supermarkt.
Liebe Kunden, heute haben wir für Sie in unserer Gemüseabteilung die folgenden Sonderangebote: Spargel, neue Ernte, Handelsklasse 1, das Pfund für 3 Euro 33, Blumenkohl aus der Region für 1 Euro 75, Chinakohl, heute nur noch für 1 Euro 29, Feldsalat und grüner Salat für 99 Cent. Paprika rot-grün-gelb, das Netz ebenfalls für nur 99 Cent. Und wenn Sie etwas mehr ausgeben wollen und etwas Besonderes suchen: Ab heute verkaufen wir in unserer Obstabteilung auch exotische Früchte: Mangos, Litschi und Papayas. Wir freuen uns auf Ihren Einkauf.

Aufgabe 1 und 2

Sie hören den Wetterbericht im Radio.
Das waren die Nachrichten und nun noch der Wetterbericht. Endlich kommt der Sommer. Heute ist es in Bayern noch etwas kühl, wir müssen auch noch mit starkem Wind rechnen, ab morgen scheint aber immer mehr die Sonne bei steigenden Temperaturen. Am Wochenende erwarten wir Tageshöchsttemperaturen bis zu 24 Grad, bei bis zu zehn Stunden Sonne und wolkenlosem Himmel. Auch wenn gegen Abend einige Gewitter möglich sind, steht einem Schwimmbadbesuch nichts im Wege.

Aufgabe 3 und 4

Sie hören eine Durchsage im Radio.
Seit gestern wird in Frankfurt am Main der 75-jährige Peter Urban vermisst. Herr Urban war zu Fuß auf dem Weg von Bockenheim zum Stadtteil Rödelheim. Er ist circa 1,75 m groß und hat kurzes graues Haar. Er trägt eine dunkle Jacke, ein kariertes Hemd und eine schwarze Hose. Herr Urban kann sich schwer orientieren und hat gesundheitliche Probleme. Aufgrund einer Herzschwäche bewegt er sich nur sehr langsam. Hinweise über seinen Aufenthalt nimmt jede Polizeidienststelle entgegen.

Aufgabe 5 und 6

Sie hören eine Durchsage im Möbelhaus.
Liebe Gäste. Willkommen bei Möbel-Komfort. Bei uns werden Sie sich wohlfühlen. Damit für Sie und Ihre Familie das Einkaufen noch angenehmer wird, bieten wir Ihnen als besonderen Service unsere Kinderbetreuung an. In unserem Kinderparadies im ersten Stock können Kinder bis acht Jahre spielen und basteln. Für Ihre Kleinen gibt es Kinderfilme. Und alles natürlich unter Aufsicht. So können Sie ungestört einkaufen, Wohn- und Schlafzimmermöbel heute besonders günstig. Und vergessen Sie nicht, unser Komfort-Restaurant zu besuchen …

Aufgabe 7 und 8

Sie hören eine Nachricht auf dem Anrufbeantworter.
Hallo Jessica, hier Claudia. Ich habe einen Vorstellungstermin und kann deshalb am Montag nicht zu unserer Kursabschlussparty kommen. Und der Termin ist außerhalb. Ich schaffe es also auch nicht, später zu kommen. Grüß bitte alle von mir. Jetzt eine Bitte: Ich wollte doch einen Salat mitbringen. Kannst du vielleicht einen machen? Und ganz wichtig, gib den anderen doch meine Handynummer, falls sie die noch nicht haben. Ich möchte mit allen in Kontakt bleiben. Danke. Wir telefonieren …

Aufgabe 9 und 10

Im Radio hören Sie die folgende Durchsage.
Achtung Autofahrer auf der A3 Köln Richtung Frankfurt: Auf Höhe der Ausfahrt Limburg Süd befinden sich nach

einem Unfall Reifenteile auf der Fahrbahn. Bitte fahren Sie langsam. Auf der A7 Hamburg Richtung Göttingen ist die linke Spur wegen eines Unfalls kurz hinter Hildesheim gesperrt. Hier kommt es zu längeren Staus. Wir bitten alle Autofahrer, im Bereich Hildesheim besonders vorsichtig zu fahren. Und noch eine gute Nachricht zur A7: Die Baustelle auf der A7 Kassel – Hannover zwischen Echte und Seesen gibt es nicht mehr. Hier können Sie wieder normal fahren.

Aufgabe 11 bis 15

Sie nehmen an einer Schifffahrt auf dem Main teil.
Meine Damen und Herren, liebe Kinder, herzlich willkommen auf unserer Fahrt auf dem Main – der Fluss, der durch Frankfurt fließt. Der Main ist ein Nebenfluss des Rheins und ca. 530 km lang. Wir stehen hier am Eisernen Steg, eine der ältesten Brücken Deutschlands. Diese Brücke ist nur für Fußgänger und wurde schon 1868 erbaut.
Ich möchte Ihnen einen kurzen Überblick geben, was Sie erwartet: Zu Beginn unserer Fahrt flussabwärts in Richtung Griesheim werden Sie die Skyline Frankfurts vom Wasser aus sehen, keine andere Stadt in Deutschland hat so viele Hochhäuser. Mehr als 30 Gebäude sind über 100 Meter hoch. Auf der anderen Seite des Flusses können Sie dann die zahlreichen Museen betrachten, auch das bekannte Städel-Museum, in dem Sie Kunst aus 700 Jahren sehen können. Wir erreichen dann den Westhafen, danach drehen wir um und fahren zurück in die andere Richtung. Wieder am Eisernen Steg vorbei fahren wir Richtung Osten. Sie werden auf der rechten Seite das Ausgeh- und Kneipenviertel Sachsenhausen sehen. Und schräg gegenüber erwartet Sie eine weitere Sehenswürdigkeit: der Neubau der Europäischen Zentralbank. Dieses Gebäude wurde im März 2015 nach fünfjährigen Bauarbeiten eröffnet, ein Hochhaus der Superlative, bestehend aus zwei Bürotürmen, von 165 bis 185 Metern Höhe.
Und schon werden wir auf der anderen Seite des Flusses die Gerbermühle erreichen, ein Ausflugslokal, das weit über die Grenzen Frankfurts hinaus bekannt ist. Im 16. Jahrhundert erbaut, war sie früher, wie der Name schon sagt, eine Mühle. Heute ist sie ein beliebtes Ausflugsziel mit einem schönen Garten, außerdem gibt es hier auch ein Hotel.
Nicht zuletzt hat die Gerbermühle eine geschichtliche Bedeutung, war sie doch ein beliebtes Ausflugsziel des Dichters Johann Wolfgang von Goethe in den Jahren 1814 und 1815.
Dort werden wir eine Stunde Pause machen. Sie haben dann die Möglichkeit am Main spazieren zu gehen oder in der Gerbermühle etwas zu essen oder zu trinken. Gegen 16 Uhr werden wir wieder zurück zum Eisernen Steg fahren. Am Schluss unserer kurzen Schifffahrt, gegen 16.30 Uhr, bekommen Sie von uns noch ein kleines Büchlein mit Informationen über Frankfurt. Gratis für Sie, mit weiteren touristischen Tipps zum Beispiel zum Frankfurter Nachtleben und nicht zuletzt zu einer Stadtrundfahrt mit unserem Doppeldeckerbus, die Sie am Ende unserer Fahrt beim Kapitän buchen können. Diese Fahrten, die wir nur empfehlen können, finden alle am Wochenende, also morgen und übermorgen, statt, mit einigen Überraschungen – mehr wollen wir im Augenblick nicht verraten.
So, ich höre jetzt erst einmal auf, unsere Fahrt hat ja auch schon begonnen, entspannen Sie sich und genießen Sie einfach.

Aufgabe 16 bis 22

Sie sitzen im Bus und hören, wie sich ein Mann und eine Frau über ihre Berufe unterhalten.
+ Hallo Susanne, wir haben uns ja lange nicht mehr gesehen.
− Ja, ich bin nur noch selten hier. Ich bin beruflich fast immer unterwegs.
+ Wieso? Als Buchhalterin? Das war doch dein Job, als wir uns das letzte Mal gesehen haben. Hast du Karriere gemacht und reist jetzt in der Welt herum?
− Schön wär's, nein. Aber ich habe einen neuen Job. Etwas ganz Anderes …
+ Erzähl mal, nichts mehr im Büro?
− Nein. Ich habe die Büroarbeit irgendwann nicht mehr ausgehalten, den ganzen Tag am Schreibtisch sitzen, Stress mit Chef und Kunden. Nein, ich fahre jetzt LKW.
+ Wie bitte? Ich weiß ja, dass du immer gern Auto gefahren bist, aber …
− Ja, und vor allem große Autos haben mich schon als Kind fasziniert. Naja, dann habe ich Thomas kennengelernt, er ist LKW-Fahrer und ich bin ein paar Mal mit ihm mitgefahren und habe gemerkt, dass mir das auch gefallen könnte.
+ Aber du musstest doch eine Ausbildung machen, oder?
− Klar, die Ausbildung zur Berufskraftfahrerin, so nennt sich das. Und danach habe ich sofort einen Job gefunden.
+ Und wo?
− Bei einer Spedition. Es ist ein kleiner Betrieb, wir fahren nur hier in der Umgebung. Ich mache zum Glück keine internationalen Transporte. Deswegen habe ich nicht so viel Stress wie viele meiner Kollegen, die durch die ganze Welt fahren müssen.
+ Und wie ist die Arbeit?
− Früh aufstehen, dann wird der LKW geladen – das mache ich natürlich nicht allein – und dann geht es los. Wir, ich fahre mit einem Kollegen zusammen, bringen dann die Sachen zu den Kunden. Wir transportieren fast alles, hauptsächlich Lebensmittel oder Baumaterial oder so. Manchmal helfe ich auch bei Umzügen. Weißt du, ich finde es super, dass ich den ganzen Tag draußen und unterwegs bin. Das gibt mir immer so ein Gefühl von Freiheit. Und ich habe keinen Chef, der mir immer sagt, was ich tun soll. Das ist super!

+ Ist denn alles so toll? Das kann ich mir nicht vorstellen.
- Natürlich nicht. Negativ ist der Termindruck. Die Kunden haben ihre Geschäfte nur zu bestimmten Zeiten geöffnet, und wenn es Staus auf den Straßen gibt, habe ich ein Problem.
+ Sag mal, was mich noch interessieren würde ... Gibt es immer noch viele Vorurteile von deinen männlichen Kollegen? LKW-Fahrer ist doch immer noch ein typisch männlicher Beruf.
- Naja, man muss sich schon manchmal ein paar Sprüche anhören. Viele Männer glauben ja immer noch, dass Frauen nicht einparken können, aber die meisten finden es eigentlich ganz cool. Viele wundern sich nur und sagen „Ich hätte nicht gedacht, dass Frauen dazu Lust haben". Das Wichtigste ist, dass ich meinen Beruf liebe. Aber jetzt haben wir nur über mich geredet. Was machst du denn so? Ich steige an der nächsten Haltestelle aus, wollen wir noch einen Kaffee trinken?
+ Ja gern, ich habe nichts vor, dann erzähle ich dir gleich etwas von mir.

Aufgabe 23 bis 30

Die Moderatorin Anne Wahl (+) diskutiert mit Peter Schneider (−) vom Einzelhandelsverband und Helen Wirth (*), Gewerkschaftsvertreterin zum Thema Ladenöffnungszeiten: „Sollen sonntags Geschäfte und Läden normal öffnen dürfen?"

+ Liebe Hörerinnen und Hörer, willkommen zur Diskussion über das Thema „Sollen sonntags Geschäfte und Läden normal öffnen dürfen?" Dazu haben wir einen Vertreter des Einzelhandelsverbandes, Herrn Schneider, und eine Vertreterin der Gewerkschaft, Frau Wirth, eingeladen.
Aktuell ist es doch so, dass es in jedem Bundesland ein Ladenöffnungsgesetz gibt, prinzipiell müssen die Geschäfte an Sonn- und Feiertagen geschlossen sein, das gilt in ganz Deutschland. Es gibt aber Ausnahmen.
- Richtig, und auch diese Ausnahmen regeln die Bundesländer. Ausnahmen bedeutet: An wie vielen Sonntagen im Jahr darf verkauft werden und in welchen Monaten? Und auch das ist in jedem Bundesland anders. Ich finde das ziemlich chaotisch.
* Allerdings gibt es immer mehr Ausnahmen von diesem Gesetz. Immer öfter haben die Geschäfte sonntags auf. Das ist etwas, was mir gar nicht gefällt.
+ Besprechen wir doch zuerst einmal, weshalb man dieses Gesetz Ihrer Meinung nach eigentlich braucht. Oder weshalb nicht?
- Gute Frage, weshalb haben wir noch dieses Verbot? Ich finde, jeder sollte selbst entscheiden, wann er sein Geschäft aufmachen will. Wir brauchen kein Gesetz dafür. Viele Deutsche finden es doch toll, wenn sie im Urlaub in anderen Ländern auch sonntags einkaufen können, aber hier zu Hause sind sie dann dagegen. Das wundert mich ehrlich gesagt. Wenn es in anderen Ländern ohne Regeln funktioniert, warum sollte das in Deutschland nicht auch gehen?
* Natürlich ist es schön und praktisch, wenn wir als Kunden jederzeit einkaufen können. Aber was ist mit den Angestellten, die dann das ganze Wochenende arbeiten müssten? Wenn es keine Regelungen mehr für die Öffnungszeiten von Geschäften geben würde, dann würde das schnell auch andere Arbeitszeiten betreffen. Irgendwann müssten wir dann wahrscheinlich alle auch am Sonntag arbeiten.
+ Aber viele Menschen arbeiten doch schon sonntags: Krankenschwestern, Busfahrer, Kellner, Pflegekräfte, ist das heute nicht normal?
* Ja, für viele Menschen ist der Sonntag heute ein Werktag wie jeder andere in der Woche, das mag schon sein. Aber fragen Sie doch mal die Sonntagarbeiter, ob sie freiwillig arbeiten? Das werden nur ganz wenige sein. Und, was ist normal? Der Sonntag ist kein Tag wie jeder andere. Sonntags ist keine Schule, sonntags gibt es die meisten Freizeitveranstaltungen und so weiter und so weiter. Schauen Sie mal, der Arbeitsstress hat in den letzten Jahren immer mehr zugenommen. Viele von uns haben schon sehr flexible Arbeitszeiten, umso wichtiger ist der arbeitsfreie Sonntag – sozusagen als eine Ruheinsel.
- Denken Sie aber bitte auch daran, dass längere Öffnungszeiten einen positiven Effekt auf den Arbeitsmarkt haben. Im Moment müssen die Angestellten zwar oft noch Überstunden machen, was zum Beispiel für Frauen mit Kindern ein großes Problem sein kann, aber man könnte doch einfach ein paar mehr Leute einstellen, die keine Familie haben und für die es kein Problem ist, sonntags zu arbeiten. Es gibt genug Menschen, die Arbeit suchen, und die sich über eine Stelle freuen würden. Wenn die Arbeit am Sonntag dann auch noch gut bezahlt wird, sind alle zufrieden, auch die Angestellten.
* Aber Herr Schneider, die Mehrarbeit sonntags ist nicht immer freiwillig! Finden Sie es denn nicht auch toll, mal einen Tag Ruhe zu haben, muss man wirklich jeden Tag einkaufen gehen? An einem Tag in der Woche braucht man doch mal eine Pause, um sich von der Hektik des Alltags auszuruhen.
- Ja, dagegen habe ich ja gar nichts. Soll doch jeder frei entscheiden, wann er seinen Ruhetag haben möchte, wie oder wann er einkaufen möchte. Dass die Leute einkaufen möchten, wann sie wollen, zeigt doch auch der Onlinehandel. Um zum Thema zurückzukommen: Sehr viele Sachen werden gerade sonntags gekauft. Und der Handel sollte darauf reagieren, das kann er, wenn es keine Verbote mehr gibt, zu verkaufen.
* Sie meinen, verkaufsoffene Sonntage helfen gegen die Konkurrenz aus dem Internet?
- Genau.
+ Gibt es denn Erfahrungen, mit Geschäften, die sonntags aufhatten? Ist der Umsatz wirklich gestiegen?
* Nein, die Erfahrungen in den Innenstädten, wo die Geschäfte manchmal sonntags öffnen dürfen, zeigt,

dass sich der Gesamtumsatz des Einzelhandels nicht erhöht hat. Die Konkurrenz wird stärker. Kleinere Geschäfte können längere Öffnungszeiten oft nicht einhalten, Gewinner sind die großen Ketten.

– Aber um das abschließend beurteilen zu können, muss man es doch erst einmal machen. Geben wir doch die Öffnungszeiten frei und schauen wir mal, wie es sich entwickelt.

+ Leider ist unsere Sendezeit gleich vorbei. Irgendwann, vielleicht später im Chat, könnten wir auch noch über die Unterschiede zwischen Stadt und Land diskutieren. Wir reden ja immer von der Großstadt. Ich zum Beispiel wohne in einem kleinen Dorf. Hier haben jetzt viele Supermärkte samstags auch bis 20 Uhr geöffnet, aber sie sind immer leer. Keiner geht hier um diese Zeit noch einkaufen.

– Aber keiner muss ja länger aufhaben, wenn er nicht will. Ich sage ja auch nicht, dass die Geschäfte sonntags geöffnet sein müssen, sondern nur, dass jeder frei entscheiden können muss ...

+ Nun gut, wir müssen jetzt zum Ende kommen. Ich möchte mich recht herzlich bei meinen Gesprächspartnern für die anregende Diskussion bedanken. Liebe Hörerinnen und Hörer, im Chat können Sie mit Herrn Schneider und Frau Wirth bis 22 Uhr noch weiter über das Thema diskutieren ...

Lösungen

Test 1 — Zeitpunkte

1
1. falsch – 2. richtig – 3. falsch – 4. richtig – 5. richtig – 6. falsch – 7. richtig

2
1. hatte – 2. liebte – 3. entschied – 4. begannen – 5. konnte – 6. wollte – 7. gab – 8. blieb – 9. sah – 10. fand

3
2. Ihr telefoniert, während ihr an der Haltestelle auf den Bus wartet. – 3. Während ich im Supermarkt an der Kasse stehe, schreibe ich E-Mails. – 4. Du siehst fern, während du Pizza isst. – 5. Während sie bügeln, lernen sie Vokabeln. – 6. Und während er schläft, träumt er von mehr Zeit.

4
1d – 2c – 3a – 4b – 5g – 6e – 7f

5
1. Zum Arbeiten – 2. arbeiten – 3. zum Lesen – 4. zum Treffen – 5. zum Essen – entspannen

Test 2 — Alltag

1
1e – 2a – 3g – 4b – 5c – 6h – 7d – 8f

2
1. weil – 2. weil – 3. darum/deshalb/deswegen – 4. weil – 5. darum/deshalb/deswegen – 6. darum/deshalb/deswegen

3
1 c: ist sie immer müde – 2 a: sie so viel Arbeit hat – 3 b: hat sie oft Rückenschmerzen – 4 e: sie viele Überstunden macht – 5 d: sucht sie Hilfe.

4
1e – 2j – 3h – 4a – 5b – 6g – 7d – 8c – 9f – 10i

5
1. Sie sollten mit Ihrem Chef sprechen. – 2. Du könntest mit deinem Freund in den Urlaub fahren. – 3. Du müsstest mehr Sport treiben. – 4. Sie könnten einen Yogakurs machen. – 5. Sie könnten ins Kino gehen oder ein spannendes Buch lesen. – 6. Du solltest öfter Musik hören und dich entspannen.

Test 3 — Männer – Frauen – Paare

1
1b – 2a – 3c – 4b – 5a

2
1c: sich das Leben ihrer Großmütter vorzustellen. – 2e: sich um Haushalt und Kinder zu kümmern. – 3a: berufstätig zu sein und Geld zu verdienen. – 4f: nach der Geburt zu Hause zu bleiben. – 5b: mehr Plätze anzubieten – 6d: Familie und Beruf zu verbinden.

3
1. Meinung – 2. finde – 3. sagen – 4. Recht – 5. stimme – 6. sehe – 7. richtig

4
1g – 2i – 3h – 4a – 5b – 6e – 7f – 8c – 9d

5
1. Katja Lange und Florian Beck zum „Paar des Jahres" gewählt wurden. – 2. dass sie seit vier Jahren glücklich verheiratet sind. – 3. dass sie weiter als Schauspieler arbeiten wollen. – 4. dass sie sehr beschäftigt sind und keine Zeit zum Streiten haben.

6
1. unglücklich – 2. unromantisch – 3. verständnislos – 4. humorlos – 5. unehrlich

Test 4 — Arbeit im Wandel

1
1. falsch – 2. falsch – 3. richtig – 4. falsch – 5. falsch – 6. falsch – 7. richtig – 8. richtig

2
1. Fluss – 2. Bergwerk – 3. Gold – 4. Bevölkerung – 5. Arbeitsunfall – 6. Schrebergarten – 7. Einkaufszentrum

3
a) 1. e – 2. e – 3. en – 4. en – 5. en – 6. en – 7. en – 8. e – 9. en – 10. e – 11. er – 12. en – 13. es – 14. e – 15. e – 16. en – 17. e – 18. e – 19. en – 20. en

b) 1e – 2c – 3a

4
1. bekannten – 2. traditionellen – 3. kleine – 4. glatten – 5. teure – 6. dienstliche – 7. starke – 8. vollen – 9. frischen – 10. steilen – 11. gesetzlichen – 12. vollen

Test 5
Schule und lernen

1

1f – 2b – 3e – 4c – 5a

2

1. Grundschule/Realschule – 2. Gesamtschule/Schulsystem – 3. Gymnasiasten/Studienplatz – 4. Zeugnis – 5. Stundenplan – 6. Klassenraum – 7. Hausmeister

3

2. Wenn wir doch mehr Sport machen könnten! – 3. Wenn wir doch weniger Klassenarbeiten schreiben würden! – 4. Wenn wir doch schon mit der Schule fertig wären. – 5. Wenn wir doch später mit der Schule anfangen würden! – 7. Ich wünschte, ich könnte meinem Kind beim Lernen helfen! – 8. Ich wünschte, mein Kind würde lieber zur Schule gehen. – 9. Ich wünschte, mein Kind hätte bessere Zeugnisse! – 10. Ich wünschte, die Lehrer wüssten mehr über die Kinder!

4

1. denen sie sich gut verstehen – 2. der spannend ist – 3. in denen sie spielen können – 4. die lernen wollen – 5. in der es nicht so viele Schüler gibt – 6. mit denen man gut zusammenarbeiten kann – 7. den ihre Kinder mögen – 8. die seine Schüler ihm stellen

Test 6
Klima und Umwelt

1

1e – 2c – 3b – 4h

2

1. Die Menschen werden umweltbewusster leben. – 2. Sie werden nicht mehr so oft mit dem Flugzeug verreisen. – 3. Man wird mehr öffentliche Verkehrsmittel benutzen. – 4. Wir werden Strom und Wasser sparen. – 5. Ich werde weniger Fleisch und Käse essen.

3

1e: Wegen des Klimawandels – 2b: Wegen der Erderwärmung – 3d: Wegen der Hitzewelle – 4c: Wegen des Sturms – 5f: Wegen der Umweltfolgen des Reisens – 6a: Wegen der CO_2 Produktion

4

1. Je wärmer es wird, desto schneller schmelzen die Gletscher. – 2. Je schneller die Gletscher schmelzen, desto öfter gibt es Lawinen. – 3. Je öfter es Lawinen gibt, desto mehr Skigebiete müssen schließen. – 4. Je mehr Skigebiete schließen müssen, desto weniger Wintersporttouristen kommen. – 5. Je weniger Wintersporttouristen kommen, desto stärker sinkt die Zahl der Arbeitsplätze.

5

1. Nicht der Autoverkehr, sondern der Flugverkehr ist das größte Umweltproblem. – 2. Nicht in den Bergen, sondern in den Küstenregionen gibt es die meisten Wetterkatastrophen. – 3. Nicht nur die Politiker, sondern alle Leute müssen etwas für die Umwelt tun.

Test 7
Das ist mir aber peinlich!

1

a) 1f – 2c – 3a – 4d

b) 1b – 2c – 3f – 4h – 5a – 6e – 7d – 8g

2

1. Tina nimmt ihre Kamera ins Museum mit, obwohl man dort nicht fotografieren darf. – 2. Obwohl Stefan das indische Essen nicht schmeckt, macht er der Köchin ein Kompliment. – 3. Obwohl Tanja kein Japanisch spricht, kann sie ein paar Wörter sagen. – 4. Ben geht mit Badeschuhen in die Kirche, obwohl das verboten ist.

3

1. Nachdem Peter verschlafen hatte, fuhr er zu schnell mit dem Auto zur Arbeit. – 2. Nachdem er einen Unfall gehabt hatte, besuchte ihn seine Familie im Krankenhaus. – 3. Nachdem er aus dem Krankenhaus gekommen war, blieb er vier Wochen zu Hause. – 4. Nachdem Peter wieder gesund geworden war, kaufte er einen neuen Wecker. – 5. Nachdem Peter einen neuen Wecker gekauft hatte, verschlief er nie wieder.

4

2. leben – 3. wirkt – 4. passt – 5. wächst – 6. folgt

Test 8
Generationen

1

a5 – b3 – c7 – d4 – e1 – f8 – g2 – h11 – i10 – j6 – k9

2

1. Seit ich im Generationenhaus lebe, fühle ich mich viel jünger. – 2. Seit Mama und ich hier wohnen, habe ich viel mehr Freunde. – 3. Ich kann in Ruhe arbeiten, seit Oma Marta auf meine Tochter aufpasst. – 4. Ich habe wieder eine Aufgabe, seit ich mich um die kleine Mia kümmere.

3

1. ihrer – 2. ihres – 3. unseres – 4. meiner – 5. ihrer – 6. ihrer – 7. meiner – 8. ihrer – 9. unserer – 10. ihrer

4

1. Das perfekte Haus hat nicht nur genug Zimmer für alle, sondern auch einen großen Garten. – 2. Die Bewohner

sind weder zu leise noch zu laut. – 3. Die Rentner spielen nicht nur mit den Kindern, sondern helfen ihnen auch bei den Hausaufgaben. – 4. Die alten Leute müssen weder alleine einkaufen, noch alleine essen. – 5. Alle haben nicht nur viel Spaß miteinander, sondern helfen sich auch bei Problemen.

Test 9 Migration

1

1. falsch – 2. richtig – 3. falsch – 4. richtig – 5. richtig

2

1. wurde ... eröffnet – 2. werden ... gezeigt – 3. werden ... erzählt – 4. wurde ... entwickelt – 5. wird ... gesprochen – 6. wird ... gedruckt

3

1b – 2f – 3d – 4a – 5g – 6h – 7e – 8c

4

1. Amina, deren Mann schon vorher ausgewandert war, kam 1970 nach Stuttgart. – 2. Hamit, dessen Job gut bezahlt war, wollte in Deutschland bleiben. – 3. Aminas Kinder, deren Heimat Deutschland ist, wollten nicht nach Syrien zurück.

5

2. Sie lässt sie die Tomaten halbieren. – 3. Sie lässt sie die Kartoffeln kochen. – 4. Amina lässt sie die Suppe abschmecken. – 5. Sie lässt sie das Brot schneiden.

6

2. Dann mischt man die Zutaten für die Füllung. – 3. Man formt den Teig und die Füllung zu Taschen. – 4. Schließlich kocht man die Maultaschen 10 bis 15 Minuten.

Test 10 Europa

1

1b – 2d – 3g – 4a – 5h – 6c – 7f – 8e

2

1. Freiheit – 2. Vergangenheit – 3. Sicherheit – 4. Schwierigkeiten – 5. Unabhängigkeit – 6. Möglichkeit – 7. Mehrsprachigkeit

3

1. von – 2. an – 3. für – 4. über – 5. auf – 6. über – 7. Wovon – 8. Woran – 9. Wofür – 10. Worüber – 11. Worauf – 12. Worüber

4

1. Die Wohnungssuche ist oft schwierig. Trotzdem hat Inken schnell ein Zimmer gefunden. – 2. Inken macht einen Niederländisch-Intensivkurs. Trotzdem macht sie noch viele Fehler. – 3. Sprachenlernen braucht Zeit. Trotzdem würde Inken gern sofort Niederländisch können.

5

1. Man kann entweder ein Jahr im Ausland verbringen, oder die Sprache im eigenen Land lernen. – 2. Man kann sich entweder bei einer Sprachschule anmelden, oder einen guten Privatlehrer finden. – 3. Man kann entweder einen Online-Kurs machen, oder sich einen Tandem-Partner suchen.

6

2. Sie brauchen nicht zu studieren. – 3. Sie brauchen keine Wohnung zu suchen. – 4. Sie brauchen keine E-Mails zu schreiben.

Gesamttest Einheit 1–5

Lesen

1 richtig – 2 falsch – 3 richtig – 4 richtig – 5 falsch – 6 falsch
7c – 8b – 9c – 10b – 11a – 12b
13f – 14d – 15O – 16i – 17j – 18e – 19b
20 nein – 21 ja – 22 ja – 23 nein – 24 nein – 25 ja – 26 nein
27b – 28c – 29a – 30b

Hören

1 falsch – 2b – 3 falsch – 4a – 5 falsch – 6c – 7 richtig – 8b – 9 falsch – 10c
11a – 12c – 13a – 14a – 15c
16 richtig – 17 falsch – 18 richtig – 19 falsch – 20 falsch – 21 richtig – 22 falsch
23c – 24b – 25b – 26c – 27b – 28a – 29c – 30c

Gesamttest Einheit 6–10

Lesen

1 falsch – 2 falsch – 3 falsch – 4 richtig – 5 falsch – 6 richtig
7b – 8a – 9a – 10c – 11b – 12c
13e – 14O – 15g – 16b – 17h – 18d – 19a
20 ja – 21 ja – 22 nein – 23 nein – 24 ja – 25 nein – 26 nein
27a – 28b – 29b – 30c

Modelltest
Goethe-Zertifikat B1

Lesen

1 richtig – 2 falsch – 3 falsch – 4 falsch – 5 richtig – 6 richtig
7b – 8c – 9c – 10b – 11a – 12c
13j – 14o – 15f – 16i – 17g – 18c – 19b
20 ja – 21 nein – 22 nein – 23 nein – 24 nein – 25 ja
26 ja
27c – 28a – 29b – 30a

Hören

1 richtig – 2c – 3 falsch – 4c – 5 falsch – 6b – 7 falsch – 8a – 9 richtig – 10c
11b – 12b – 13a – 14b – 15c
16 falsch – 17 richtig – 18 richtig – 19 falsch – 20 falsch – 21 falsch – 22 richtig
23b – 24b – 25c – 26c – 27b – 28c – 29b – 30a

Hören

1 falsch – 2b – 3 richtig – 4a – 5 richtig – 6a – 7 richtig – 8c – 9 richtig – 10a
11c – 12b – 13b – 14a – 15a
16 falsch – 17 richtig – 18 richtig – 19 falsch – 20 falsch – 21 richtig – 22 falsch
23b – 24c – 25b – 26c – 27b – 28b – 29b – 30c

Bildquellenverzeichnis

Cover © Dr. Ing. h.c.f. Porsche AG
S. 4 © shutterstock, Anton_Ivanov
S. 6 © shutterstock, perfectlab
S. 18 © shutterstock, Syda productions
S. 20 © Imago, IMAGO
S. 37 © shutterstock, Monkey Business Images
S. 38 © shutterstock, Kzenon
S. 52 © shutterstock, okili77
S. 53 © shutterstock, kichigan
S. 67 © shutterstock, hiphoto
S. 68 © shutterstock, yykkaa

CD

Auf dieser CD finden Sie die Hörtexte für die Aufgaben zum Hörverstehen.

Nr.	Titel	Seite
1	Nutzerhinweise	
2–7	Gesamttest 1, Einheit 1–5, Hören, Teil 1	32
8	Gesamttest 1, Einheit 1–5, Hören, Teil 2	33
9	Gesamttest 1, Einheit 1–5, Hören, Teil 3	33
10	Gesamttest 1, Einheit 1–5, Hören, Teil 4	34
11–16	Gesamttest 2, Einheit 6–10, Hören, Teil 1	47
17	Gesamttest 2, Einheit 6–10, Hören, Teil 2	48
18	Gesamttest 2, Einheit 6–10, Hören, Teil 3	48
19	Gesamttest 2, Einheit 6–10, Hören, Teil 4	49
20–25	Modelltest, Goethe-Zertifikat B1, Hören Teil 1	62
26	Modelltest, Goethe-Zertifikat B1, Hören Teil 2	63
27	Modelltest, Goethe-Zertifikat B1, Hören Teil 3	63
28	Modelltest, Goethe-Zertifikat B1, Hören Teil 4	64

Sprecherliste Audio-CD
Constanze Behrends, Angelina Geisler, Marianne Graffam, Benjamin Plath, Felix Würgler

Tonstudio
Clarity Studio Berlin

Regie und Aufnahmeleitung
Susanne Kreutzer

Tontechnik
Christian Marx, Pascal Thinius

© 2016 Cornelsen Verlag GmbH, Berlin. Alle Rechte vorbehalten.